*Bem-aventurados os pacificadores,
pois serão chamados filhos de Deus.*

Mateus 5:9

TORTURA
COMENTÁRIOS À LEI Nº 9.455/1997

ROGÉRIO GRECO

TORTURA
COMENTÁRIOS À LEI Nº 9.455/1997

3ª edição,
revista e atualizada

Niterói, RJ
2020

 © 2020, Editora Impetus Ltda.

Editora Impetus Ltda.
Rua Alexandre Moura, 51 – Gragoatá – Niterói – RJ
CEP: 24210-200 – Telefax: (21) 2621-7007

Conselho Editorial:
Ana Paula Caldeira • Benjamin Cesar de Azevedo Costa
Celso Jorge Fernandes Belmiro • Ed Luiz Ferrari • Eugênio Rosa de Araújo
Fábio Zambitte Ibrahim • Fernanda Pontes Pimentel
Izequias Estevam dos Santos • Marcelo Leonardo Tavares
Renato Monteiro de Aquino • Rogério Greco
Vitor Marcelo Aranha Afonso Rodrigues • William Douglas

Projeto Gráfico: Editora Impetus Ltda.
Editoração Eletrônica: SBNigri Artes e Textos Ltda.
Capa: Hasum™ Design Gráfico
Pesquisa: Flávia Duarte Mantiolhe
Revisão de Português: Carmem Becker
Impressão e encadernação: Editora e Gráfica Vozes Ltda.

DATA DE FECHAMENTO DA EDIÇÃO: 30/08/2020

G791l

    Greco, Rogério

        Tortura: Comentários à lei n 9.455/1997 – 3ª ed./ Rogério Greco. – Niterói, RJ: Impetus, 2019.

        128 p.; 16 x 23 cm.

        ISBN: 978-65-86044-15-7

        1. Direito penal. 2. Crime hediondo – Brasil. I. Título.

        CDD- 345.81

O autor é seu professor; respeite-o: não faça cópia ilegal.

TODOS OS DIREITOS RESERVADOS – É proibida a reprodução, salvo pequenos trechos, mencionando-se a fonte. A violação dos direitos autorais (Lei nº 9.610/1998) é crime (art. 184 do Código Penal). Depósito legal na Biblioteca Nacional, conforme Decreto nº 1.825, de 20/12/1907.

A **Editora Impetus** informa que quaisquer vícios do produto concernentes aos conceitos doutrinários, às concepções ideológicas, às referências, à originalidade e à atualização da obra são de total responsabilidade do autor/atualizador.

www.impetus.com.br

DEDICATÓRIA

A Jesus Cristo, o autor e consumador da nossa fé.

Nota do Autor

Foram três anos, aproximadamente, a duração do ministério de Jesus. Durante esse tempo, Ele revolucionou todos os conceitos, quebrou dogmas, instituiu a lei do amor. Nunca as pessoas foram tão bem acolhidas. Quando as repreendia, o fazia com um carinho inigualável. Os homens que estiveram lado a lado com Jesus testemunharam seus milagres: a cura de paralíticos, cegos, coxos, a expulsão de demônios, a ressurreição de mortos...

No entanto, lendo os evangelhos, pude perceber que, mesmo estando ao lado do próprio Deus, seus discípulos não pareciam reconhecer-lhe a divindade. Tudo era muito sobrenatural, e os homens que o acompanhavam ainda não estavam preparados para tantas revelações. Eram, na verdade, muito religiosos, mas não conheciam a Deus. Muitos tentavam cumprir as leis que haviam sido determinadas por Deus a Moisés, mas, na verdade, não passavam de ritualistas. O coração deles estava direcionado para outras coisas que não a adoração legítima.

Durante o tempo em que permaneceu ensinando as pessoas sobre o amor de Deus e a vinda próxima de Seu reino, Jesus, por diversas vezes, predisse sua morte. Aquilo tudo soava muito estranho aos ouvidos daquelas pessoas. Não entendiam bem a mensagem que o Mestre tentava lhes passar. Jesus veio a este mundo como um cordeiro, preparado para o sacrifício. Sua morte era inevitável, para que nós tivéssemos vida. Ele veio para nos resgatar, para nos comprar por um preço muito alto, mas as pessoas não conseguiam entender a grandiosidade dessa mensagem.

Tudo era muito bom, divertido, alegre. Jesus ensinava as pessoas com carinho, exemplificando de acordo com a capacidade e a cultura de cada um. Os milagres aconteciam naturalmente, e a fama de Jesus crescia cada vez mais. Mas chegou o momento do sacrifício. Sua missão estava próxima do fim.

Na noite em que os judeus celebravam a Páscoa, comemorando a saída do povo do Egito, da escravidão à terra prometida, Jesus reuniu-se com seus discípulos e tentou, mais uma vez, explicar-lhes a necessidade de Sua morte. Pegou um pedaço de pão e repartiu entre eles dizendo, simbolicamente, que aquele era o seu corpo, que era dado em favor deles. Tal como aconteceu com o pão, que fora partido na presença de todos, assim fariam a Jesus. Ele também seria moído por nós.

No instante seguinte, pegou o cálice de vinho e disse que ele representava o Seu sangue, que também seria derramado por nós. Todos olharam atônitos para aquela cena. Mais tarde compreenderiam, exatamente, o que aquilo significava.

Logo depois da ceia, Jesus, junto com alguns de seus discípulos, foi orar no monte das Oliveiras, aguardando Sua prisão e Sua morte. Sua agonia era tão grande, Seu nível de estresse tão alto que Seu suor se misturava com sangue, saindo-Lhe dos poros. Os guardas chegaram, prenderam Jesus e O levaram. Era o início do ato final. Sua vitória se aproximava. Todos aqueles que se diziam seus amigos o abandonaram, à exceção de algumas mulheres e, ao que parece, um de seus discípulos chamado João.

Pedro, que havia testemunhado tantos milagres, logo após a prisão de Jesus, ao ser reconhecido por algumas pessoas como um de seus seguidores, amedrontado, negou veementemente que O conhecia. Todos tinham medo de morrer, em virtude de terem sido seguidores de Jesus. Parece que haviam se esquecido de que estavam caminhando com o próprio Deus. Não se lembravam mais da transformação da água em vinho, da multiplicação dos pães, da cura do gadareno endemoniado, da ressurreição de Lázaro, enfim, esqueceram-se de a Quem serviam e se acovardaram.

Depois de preso, humilhado, açoitado, veio a crucificação – uma das mortes mais horrorosas que alguém podia suportar. A crucificação conduzia à morte por asfixia. Muitas vezes, era lenta, agonizante. Esse era o momento esperado por Jesus. Aos olhos do mundo, loucura; aos olhos de Deus, a redenção pelos nossos pecados. Jesus havia nos comprado com Seu sangue e com Sua carne. Nosso preço foi muito alto. Ele era o nosso Cordeiro.

Muitos foram mortos e crucificados pelo Império Romano. No entanto, de todos eles, somente um ressuscitou. O Seu nome é Jesus, o Príncipe da Paz, o Pai da Eternidade. Essa é a razão da minha fé. Não fosse a ressurreição, Jesus poderia ser considerado um mártir, um profeta qualquer. A diferença fundamental entre Jesus e todos os demais é que Ele está vivo!!! O Deus que se fez carne para pagar todas as nossas dívidas ainda vive, hoje.

A prova maior que tenho dessa ressurreição é o próprio testemunho de seus discípulos e a história do povo judeu. Se fizermos uma comparação entre o comportamento dos discípulos antes e depois da ressurreição, veremos que houve uma mudança radical. Se tomarmos o exemplo de Pedro, aquele mesmo que negou Jesus por três vezes, com medo de ser morto por ser um seguidor da "seita do nazareno", e observarmos sua atitude no final de seu ministério pastoral, veremos a modificação. A história nos conta que Pedro, muitos anos depois da ressurreição de Jesus, também foi morto crucificado. No entanto, quando estava se dirigindo ao local da execução, percebendo que também seria crucificado, disse ao seu carrasco que "ele não era digno de morrer como seu Mestre", sendo, então, crucificado de cabeça para baixo.

Outra mudança que me faz acreditar ainda mais na ressurreição diz respeito ao apóstolo Paulo, um judeu fariseu, profundo conhecedor das escrituras, que odiava os cristãos. Acreditava que blasfemavam contra o nome de Deus dizendo que Jesus era o Messias. Sua perseguição era cruel. Paulo se regozijava com a morte dos seguidores de Jesus. Fazia de tudo para prendê-los. Entretanto, um dia, Paulo também teve um encontro verdadeiro com Jesus. Diz a Bíblia, no livro de Atos, capítulo 9, versículos 1 a 7:

> "Saulo, respirando ainda ameaças e morte contra os discípulos do Senhor, dirigiu-se ao sumo sacerdote e lhe pediu cartas para as sinagogas de Damasco, a fim de que, caso achasse alguns que eram do Caminho, assim homens como mulheres, os levasse presos para Jerusalém. Seguindo ele estrada afora, ao aproximar-se de Damasco, subitamente uma luz do céu brilhou ao seu redor, e, caindo por terra, ouviu uma voz que lhe dizia: Saulo, Saulo, por que me persegues? Ele perguntou: Quem és tu, Senhor? E a resposta foi: Eu sou Jesus, a quem tu persegues; mas levanta-te e entra na cidade, onde te dirão o que te convém fazer."

A partir desse instante, Paulo passou a ser o maior pregador da Palavra de Deus. Aquele a quem perseguia passou a ser a razão de sua fé. Paulo, que tinha tudo para ser um dos homens importantes de seu tempo, renunciou a tudo para seguir a Jesus. De perseguidor, passou a perseguido; de caçador, a caça. Como ele mesmo diz na segunda carta dirigida à Igreja de Corinto (versículos 24 a 29), narrando suas aventuras em prol da pregação do evangelho de Cristo, além das prisões, fora cinco vezes açoitado pelos judeus; por três vezes, fustigado com varas; uma vez, apedrejado; naufragou três vezes; além dos perigos que correu viajando pelo deserto, pelas cidades, pelos rios etc.

Por que razão Paulo deixaria todo o seu conforto, todo o seu *status*, para passar a ser tratado como um "criminoso", um inimigo de seu povo? Para essa pergunta, só temos uma resposta: Paulo entendeu que o túmulo estava vazio!!! Jesus não se encontrava mais no túmulo em que permaneceu durante três dias. Ele havia ressuscitado e se revelado a Paulo. Jesus se revelou a Paulo, assim como se revelou a mim também. Eu, que não era digno de conhecer a Jesus, fui escolhido por Ele. Agora, seja dentro de um livro de Direito Penal ou mesmo testemunhando para amigos, desconhecidos etc., minha meta é fazer com que todos tenham esse encontro verdadeiro. Nada do que consta neste livro poderá resolver o problema da humanidade. A única forma de resolvermos todos os nossos problemas chama-se JESUS. Não há outro caminho além dEle. Jesus disse que Ele era o Caminho, a Verdade e a Vida, e ninguém iria ao Pai se não fosse por Ele. Não existem vários caminhos que levam a Deus como muitas pessoas acreditam. Se você crê que a Bíblia é a Palavra de Deus, o que nela está escrito é que Jesus é o ÚNICO caminho, e não mais um caminho ao lado de outros.

Jesus disse, em Apocalipse, capítulo 3, versículo 20: "Eis que estou à porta e bato; se alguém ouvir a minha voz e abrir a porta, entrarei em sua casa e cearei com ele, e ele, comigo". Se você quiser ter um encontro com Jesus, entregar-Lhe sua vida, eu o convido a fazê-lo. Você é livre para aceitar ou rejeitar esse convite. O máximo que posso fazer é convidá-lo.

Se quiser aceitá-lo, faça a oração a seguir. Se concordar com ela, diga um AMÉM bem forte, com todo o seu sentimento:

Senhor Jesus, eu não Te vejo, mas creio que Tu és o Filho de Deus. Agradeço-Te, Jesus, por ter morrido em meu lugar naquele madeiro, levando todas as minhas transgressões. Reconheço, Jesus, que Tu és o único Senhor e Salvador da minha alma. Escreve meu nome no Livro da Vida e me dá a salvação eterna. Amém.

Que Deus abençoe você. Maranata!

Rogério Greco

O Autor

Rogério Greco, casado com Fernanda Greco e pai de Daniela, Emanuella, Rafaella, João Paulo e Rogério, integrou o Ministério Público de Minas Gerais entre os anos de 1989 a 2019. Foi vice-presidente da Associação Mineira do Ministério Público (biênio 1997-1998) e membro do conselho consultivo daquela entidade de classe (biênio 2000-2001). É membro fundador do Instituto de Ciências Penais (ICP) e da Associação Brasileira dos Professores de Ciências Penais, e membro eleito para o Conselho Superior do Ministério Público durante os anos de 2003, 2006 e 2008; Professor do Curso de Pós-Graduação de Direito Penal da Fundação Escola Superior do Ministério Público de Minas Gerais; Pós-doutor pela Universitá Degli Studi di Messina (Itália); Doutor pela Universidade de Burgos (Espanha); Mestre em Ciências Penais pela Faculdade de Direito da Universidade Federal de Minas Gerais (UFMG); formado pela National Defense University (William J. Perry Center for Hemispheric Defense Studies) (Estados Unidos); especialista em Direito Penal (Teoria do Delito) pela Universidade de Salamanca (Espanha); Membro Titular da Banca Examinadora de Direito Penal do XLVIII Concurso para Ingresso no Ministério Público de Minas Gerais; palestrante em congressos e universidades em todo o País. É autor das seguintes obras: *Direito Penal* (Belo Horizonte: Cultura); *Estrutura Jurídica do Crime* (Belo Horizonte: Mandamentos); *Concurso de Pessoas* (Belo Horizonte: Mandamentos); *Direito Penal – Lições* (Rio de Janeiro: Impetus); *Curso de Direito Penal – Parte geral e Parte Especial* (Rio de Janeiro: Impetus); *Código Penal Comentado – Doutrina e Jurisprudência* (Rio de Janeiro: Impetus); *Atividade Policial – Aspectos Penais, Processuais Penais, Administrativos e Constitucionais* (Rio de Janeiro: Impetus); *Vade Mecum Penal e Processual Penal* (Coordenador) (Rio de Janeiro: Impetus); *A Retomada do Complexo do Alemão* (Rio de Janeiro: Impetus); *Virado do Avesso – Um Romance Histórico-Teológico sobre a Vida do Apóstolo Paulo* (Rio de Janeiro: Nah-Gash); *Sistema Prisional – Colapso Atual e Soluções Alternativas* (Rio de Janeiro: Impetus); *Crimes Hediondos* (Rio de Janeiro: Impetus); *Tortura* (Rio de Janeiro: Impetus); *Terrorismo* (Rio de Janeiro: Impetus); *Organizações Criminosas* (Rio de Janeiro: Impetus); *Abuso de Autoridade* (Salvador: Juspodivm); *Derechos Humanos, Crisis de la Prisión y Modelo de Justicia Penal* (Espanha: Publicia Editorial). É embaixador de Cristo.

Fale direto com o autor pelos *e-mails*: **atendimento@impetus.com.br** e **rogerio.greco@terra.com.br,** pelo Instagram: **@rogerio.greco** e pelo site: **www.rogeriogreco.com.br**

Sumário

Capítulo 1 – Tortura 1

1.   Introdução 1
2.   Diplomas internacionais contra a tortura 5
3.   Do conceito internacional de tortura 10
4.   Determinações internacionais aos Estados para que proíbam e impeçam as torturas e as penas ou tratamentos cruéis, desumanos ou degradantes 13
5.   Formas de tortura durante a história 15
6.   Terrorismo como (Falso) discurso legitimador da tortura 19
7.   Previsão legal de proibição da tortura no Brasil 28
8.   Crime de tortura 35
     8.1.   Tortura a pessoa presa ou sujeita à medida de segurança 58
9.   Tortura imprópria 61
10.   Modalidades qualificadas 66
11.   Causas especiais de aumento de pena 71
12.   Efeitos da condenação 77
13.   Proibição de concessão de fiança, graça ou anistia 81
14.   Regime inicial de cumprimento da pena 85
15.   Extraterritorialidade 89
16.   Pena, ação penal, suspensão condicional do processo, competência para julgamento 91
17.   Destaques 92
     17.1.   Tortura praticada por policial militar 92
     17.2.   Exame pericial 94
     17.3.   Federalização da tortura 95
     17.4.   Imprescritibilidade da tortura 97
     17.5.   Imprescritibilidade das ações indenizatórias motivadas pela tortura 97

17.6.	Diferença entre tortura qualificada pelo resultado morte e o homicídio qualificado pelo emprego de tortura................................ 98
17.7.	Tortura e lesões corporais de natureza leve.. 99
17.8.	Tortura, maus-tratos e lesão corporal em situação de violência doméstica 100
17.9.	Tortura como meio para a realização de outro crime 100
17.10.	Tortura e Improbidade Administrativa..101
17.11.	Tortura e prisão provisória 102
17.12.	Dever do Estado de indenizar 103

Apêndice 105

Esta parte está disponibilizada virtualmente, podendo o leitor fazer sua leitura por meio do seguinte QR Code:

Bibliografia 107

Capítulo 1
Tortura

1. INTRODUÇÃO

A tortura é uma das formas mais odiosas, covardes e cruéis praticadas pelo ser humano contra seu semelhante. É um comportamento que merece total repúdiio, independentemente da situação em que tenha sido levada a efeito. É um ato intolerável, que merece a repulsa de toda a sociedade. Conforme as palavras de Víctor Félix Reinaldi:

> "Ninguém duvida hoje que a tortura é um dos mais odiosos, dos mais tenazes, dos mais deliberados e dos mais cruéis de todos os crimes contra a pessoa humana"[1].

Por isso, nosso legislador constituinte teve o cuidado de fazer inserir nos incs. II e XLIII do art. 5º, previsto no Capítulo I (Dos direitos e garantias individuais e coletivos), do Título II (Dos direitos e garantias fundamentais), da Constituição Federal, o seguinte:

> II – ninguém será submetido a tortura nem a tratamento desumano ou degradante;
>
> XLIII – a lei considerará crimes inafiançáveis e insuscetíveis de graça ou anistia a prática da tortura, o tráfico ilícito de entorpecentes e drogas afins, o terrorismo e os definidos como crimes hediondos, por eles respondendo os mandantes, os executores e os que, podendo evitá-los, se omitirem;

---

[1] REINALDI, Víctor Félix. *El derecho absoluto a no ser torturado*, p. 19.

> A tortura constitui a negação arbitrária dos direitos humanos, pois reflete – enquanto prática ilegítima, imoral e abusiva – um inaceitável ensaio de atuação estatal tendente a asfixiar e, até mesmo, a suprimir a dignidade, a autonomia e a liberdade com que o indivíduo foi dotado, de maneira indisponível, pelo ordenamento positivo (STF, HC 70.389/SP, Rel. Min. Celso de Mello, Pleno, DJ 10/08/2001).

Trata-se, portanto, de acordo com o inc. IV do § 4º do art. 60 de nossa Lei Maior, de cláusula pétrea, vale dizer, um núcleo irreformável da Constituição, onde sequer poderá ser objeto de deliberação a proposta de emenda que tenha por finalidade aboli-la.

> A dignidade da pessoa humana é um dos fundamentos da República Federativa do Brasil, e a tortura o mais expressivo atentado a esse pilar da República, de sorte que reconhecer a imprescritibilidade dessa lesão é uma das formas de dar efetividade à missão de um Estado Democrático de Direito, reparando odiosas desumanidades praticadas na época em que o país convivia com um governo autoritário e a supressão de liberdades individuais consagradas. Constata-se a existência de um núcleo essencial de direitos fundamentais que não permite ser atingido por qualquer tipo de interpretação, e o princípio orientador desse núcleo será justamente o princípio da dignidade da pessoa humana. Desta forma, somente será possível limitar um direito fundamental até o ponto de o princípio da dignidade da pessoa humana não ser agredido, porquanto existem direitos fundamentais considerados absolutos. A vedação a tortura deve ser considerada um direito fundamental absoluto, pois a mínima prática de sevícias já é capaz de atingir frontalmente a dignidade da pessoa humana. Nesse sentido é o proclamado no art. 2º da declaração sobre a proteção de todas as pessoas contra a tortura, que dispõe que todo ato de tortura ou outro tratamento ou pena cruel, desumano ou degradante constitui uma ofensa à dignidade humana e será condenado como violação dos propósitos da Carta das Nações Unidas e dos Direitos Humanos e Liberdades Fundamentais Proclamados na Declaração Universal de Direitos Humanos. Assim, rejeita-se a prefacial de prescrição, pois este instituto é incompatível com o tema em discussão, na medida em que versa sobre direito inalienável sem prazo para o exercício (STF, ARE 1.140.186/RS, Rel. Min. Dias Toffoli, DJe 28/06/2018).

> A vedação a tortura deve ser considerada um direito fundamental absoluto, pois a mínima prática de sevícias já é capaz de atingir frontalmente a dignidade da pessoa humana. Nesse sentido é o proclamado no art. 2º da declaração sobre a proteção de todas as pessoas contra a tortura, que dispõe que todo ato de tortura ou outro tratamento ou pena cruel, desumano ou degradante constitui uma ofensa à dignidade humana e será condenado como violação dos propósitos da Carta das Nações Unidas e dos Direitos Humanos e Liberdades Fundamentais Proclamados na Declaração (TJ-RS, Ap. nº 70, Rel. Des. Jorge Luiz Lopes do Canto, julg. 27/08/2014).

Assim, ao contrário da discussão que vem acontecendo, principalmente, na Europa e nos Estados Unidos, como veremos mais adiante, no Brasil jamais haverá discussão a respeito da possibilidade do uso oficial da tortura por parte do Estado, seja para efeitos de investigação criminal, a exemplo daquela destinada a descobrir os autores de um determinado fato, ou mesmo para evitar que algum crime venha a ser praticado, colocando em risco a vida ou a integridade física das pessoas, ou mesmo como forma de punição.

Tal discussão poderia acontecer, contudo, se uma nova Assembleia Nacional Constituinte fosse formada, com a finalidade de criar, de construir uma nova Constituição, fruto de um poder constituinte originário, inaugural. Mesmo assim, ainda teríamos intensas discussões sobre essa possibilidade, haja vista que uma corrente mais radical e, a nosso ver, correta, entende que uma vez conquistados direitos e garantias fundamentais, estes jamais poderão retroceder, ou seja, não se podem afastar direitos e garantias já assegurados pela ordem constitucional anterior. Outros podem ser acrescentados, mas os já consolidados não podem ser perdidos, afastados, suprimidos.

Cuida-se da chamada proibição de retrocesso, ou efeito *cliquet*, pois, conforme as lições Dirley da Cunha Júnior:

> "Sendo os direitos fundamentais o resultado de um processo evolutivo, marcado por lutas e conquistas em prol da afirmação de posições jurídicas concretizadas na dignidade da pessoa humana, uma vez reconhecidos, não podem ser suprimidos, ou abolidos, ou enfraquecidos. Milita em seu favor a proteção da proibição de retrocesso. No plano normativo, essa característica impede a mera revogação das normas

que consagram direitos fundamentais ou a substituição dessas normas por outras menos gravosas para com tais direitos; já no plano concreto, a eficácia impeditiva de retrocesso obsta a implementação de políticas públicas de enfraquecimento dos direitos fundamentais"[2].

A história da prática da tortura, no entanto, se perde no tempo. Desde que o conhecimento do bem e do mal começou a fazer parte da vida do ser humano, já se tornou possível verificar a sua insensibilidade, ou mesmo a sua satisfação, para com o sofrimento alheio, por ele próprio causado.

Como bem sintetizado por Sheila Bierrenbach e Walberto Fernandes Lima:

"No princípio, era a tortura utilizada como meio de prova, tendo encontrado seu apogeu na Idade Média, institucionalizada que foi pela Igreja e pelo Direito Canônico, onde ingressou por via da Bula *Ad Extirpanda*, do Papa Inocêncio IV.

Os germanos tornaram conhecida uma modalidade de prova amplamente utilizada na Idade Média com base na crença da interferência de Deus, com o fim de dar razão a quem a tivesse: o chamado juízo de Deus. Este podia tomar as formas de ordália, duelo ou de juramento.

A partir do século XVIII, por influência dos ideais iluministas, inicia-se uma caminhada no sentido da abolição da tortura, imortalizando-se duas obras: *Dos delitos e da penas*, de Cesare Bonesana, o Marquês de Beccaria e *Observações sobre a tortura*, de Pietro Verri.

No Brasil, o livro V das Ordenações Filipinas, que vigorou até a independência, previa, além da pena de morte, as penas infamantes, como o açoite, a marca de fogo e as galés. A pena capital, por seu turno, podia ser executada através de meios cruéis.

Nossa história contemporânea é marcada por sucessivas quebras do Estado Democrático de Direito. Durante tais períodos, os direitos humanos foram flagrantemente desrespeitados."[3].

---

2 CUNHA JÚNIOR, Dirley da. *Curso de direito constitucional*, p. 585.

3 BIERRENBACH, Sheila; FERNANDES LIMA, Walberto. *Comentários à lei de tortura*, p. 5.

TORTURA
CAPÍTULO 1

Como diz o pensamento marcante de Edmund Burke, repetido posteriormente por Che Guevara "um povo que não conhece sua história, está condenado a repeti-la". No entanto, parece que, com relação à tortura, muitos países que conhecem sua história, infelizmente, estão dispostos a repeti-la, como veremos durante o presente estudo.

2. DIPLOMAS INTERNACIONAIS CONTRA A TORTURA

As atrocidades praticadas durante a Segunda Guerra Mundial (1939 a 1945) foram a mola propulsora de uma série de diplomas legais que tinham por finalidade preservar a dignidade da pessoa humana, sem falar no fato de que, logo após o seu término, foi fundada a Organização das Nações Unidas – ONU, em 24 de outubro de 1945, sendo esta última a responsável por grande parte deles.

No que diz respeito à prática da tortura, foi adotada e proclamada pela Assembleia Geral da Nações Unidas, na sua Resolução nº 217A (III), de 10 de dezembro de 1948, a Declaração Universal dos Direitos Humanos, cujo art. 5º diz, expressamente, que:

> **Art. 5º** Ninguém será submetido a tortura nem a penas ou tratamentos cruéis, desumanos ou degradantes.

Danos morais. Imprescritibilidade. Tortura, racismo e outros vilipêndios à dignidade da pessoa humana. Possível, no caso, a aplicação da mais conhecida norma sobre a proteção aos direitos da personalidade, qual seja, a própria Declaração Universal dos Direitos do Homem, de 1948, que também possibilita sua aplicação a fatos pretéritos, escrita com os bradados dos ideais democráticos e que nunca podem ser esquecidos. Referida declaração é a referência brasileira mais próxima de condenação à tortura. Mas não é só ela que deve ser lembrada. Além do Pacto Internacional sobre os Direitos Civis e Políticos das Nações Unidas, também incorporado ao nosso ordenamento jurídico, é preciso ainda levar em conta mais três importantíssimos documentos internacionais: (I) Declaração sobre a Proteção de todas as pessoas contra a Tortura e outros Tratamentos ou Penas Cruéis, Desumanas ou Degradantes, de 09/12/75; (II) Convenção contra a Tortura e outros Tratamentos ou Penas Cruéis, Desumanas ou Degradantes, de 10/12/84, da Organização das Nações Unidas, ratificada pelo Brasil com o Decreto

> nº 40, de 15/02/91; e (III) Convenção Interamericana para Prevenir e Punir a Tortura, de 09/12/85, da OEA, ratificada pelo Brasil com o Decreto nº 98.386, de 09/11/89 (STJ, REsp 797.989/SC, Rel. Min. Humberto Martins, 2ª T., LEXSTJ v. 227, p. 108).

Da mesma forma, o art. 7º do Pacto Internacional sobre Direitos Civis e Políticos, adotado pela XXI Sessão da Assembleia-Geral das Nações Unidas, em 16 de dezembro de 1966 e promulgado pelo Decreto nº 592, de 6 de julho de 1992, assevera:

> **Art. 7º** Ninguém poderá ser submetido à tortura, nem a penas ou tratamento cruéis, desumanos ou degradantes. Será proibido sobretudo, submeter uma pessoa, sem seu livre consentimento, a experiências médicas ou cientificas.

> A violação a direitos fundamentais causadora de danos pessoais a detentos em estabelecimentos carcerários não pode ser simplesmente relevada ao argumento de que a indenização não tem alcance para eliminar o grave problema prisional globalmente considerado, que depende da definição e da implantação de políticas públicas específicas, providências de atribuição legislativa e administrativa, não de provimentos judiciais. Esse argumento, se admitido, acabaria por justificar a perpetuação da desumana situação que se constata em presídios como o de que trata a presente demanda. A garantia mínima de segurança pessoal, física e psíquica, dos detentos, constitui dever estatal que possui amplo lastro não apenas no ordenamento nacional (Constituição Federal, art. 5º, XLVII, e; XLVIII; XLIX; Lei nº 7.210/84 (LEP), arts. 10; 11; 12; 40; 85; 87; 88; Lei nº 9.455/97 – crime de tortura; Lei nº 12.874/2013 – Sistema Nacional de Prevenção e Combate à Tortura), como, também, em fontes normativas internacionais adotadas pelo Brasil (Pacto Internacional de Direitos Civis e Políticos das Nações Unidas, de 1966, arts. 2; 7; 10; e 14; Convenção Americana de Direitos Humanos, de 1969, arts. 5º; 11; 25; Princípios e Boas Práticas para a Proteção de Pessoas Privadas de Liberdade nas Américas – Resolução nº 01/2008, aprovada em 13 de março de 2008, pela Comissão Interamericana de Direitos Humanos; Convenção da ONU contra Tortura e Outros Tratamentos ou Penas Cruéis, Desumanos ou Degradantes, de 1984; e Regras Mínimas para o Tratamento de Prisioneiros – adotadas

> no 1º Congresso das Nações Unidas para a Prevenção ao Crime e Tratamento de Delinquentes, de 1955) (STF, RE 580.252/MS, Rel. Min. Teori Zavascki, Pleno, DJe 11/09/2017).
>
> O Brasil é signatário do Pacto Internacional sobre os Direitos Civis e Políticos das Nações Unidas – incorporado ao ordenamento jurídico pelo Decreto-Legislativo nº 226/91, promulgado pelo Decreto nº 592/92 –, que traz a garantia de que ninguém será submetido à tortura, nem à pena ou a tratamentos cruéis, desumanos ou degradantes, e prevê a proteção judicial para os casos de violação de direitos humanos. A Constituição da República não estipulou lapso prescricional à faculdade de agir, correspondente ao direito inalienável à dignidade (STF, RE 715.268 AgR/RJ, Rel. Min. Luiz Fux, 1ª T., DJe 23/05/2014).

A Convenção Americana sobre Direitos Humanos, assinada na Conferência Especializada Interamericana sobre Direitos Humanos, em San José da Costa Rica, em 22 de novembro de 1969, ressalta, no item 2, do seu art. 5º:

> 2. Ninguém deve ser submetido a torturas, nem a penas ou tratos cruéis, desumanos ou degradantes. Toda pessoa privada da liberdade deve ser tratada com o respeito devido à dignidade inerente ao ser humano.

Mais recentemente, a Convenção Interamericana para Prevenir e Punir a Tortura, adotada e aberta à assinatura no XV Período Ordinário de Sessões da Assembleia Geral da Organização dos Estados Americanos, em Cartagena das Índias, na Colômbia, em 9 de dezembro de 1985, ratificada pelo Brasil em 20 de julho de 1989, cujos arts. 1º a 5º dizem:

Artigo 1

Os Estados Partes obrigam-se a prevenir e a punir a tortura, nos termos desta Convenção.

Artigo 2

Para os efeitos desta Convenção, entender-se-á por tortura todo ato pelo qual são infligidos intencionalmente a uma pessoa penas ou sofrimentos físicos ou mentais, com fins de investigação criminal, como meio de intimidação, como castigo pessoal, como medida preventiva, como pena ou qualquer outro fim. Entender-se-á também como tortura a aplicação, sobre uma pessoa, de métodos tendentes a anular a personalidade da vítima, ou a diminuir sua capacidade física ou mental, embora não causem dor física ou angústia psíquica.

Não estarão compreendidas no conceito de tortura as penas ou sofrimentos físicos ou mentais que sejam unicamente consequência de medidas legais ou inerentes a elas, contanto que não incluam a realização dos atos ou a aplicação dos métodos a que se refere este artigo.

Artigo 3

Serão responsáveis pelo delito de tortura:

a) Os empregados ou funcionários públicos que, atuando nesse caráter, ordenem sua execução ou instiguem ou induzam a ela, cometam-no diretamente ou, podendo impedi-lo, não o façam.

b) As pessoas que, por instigação dos funcionários ou empregados públicos a que se refere a alínea *a*, ordenem sua execução, instiguem ou induzam a ela, cometam-no diretamente ou nele sejam cúmplices.

Artigo 4

O fato de haver agido por ordens superiores não eximirá da responsabilidade penal correspondente.

Artigo 5

Não se invocará nem admitirá como justificativa do delito de tortura a existência de circunstâncias tais como o estado de guerra, a ameaça de guerra, o estado de sítio ou de emergência, a comoção ou conflito interno, a suspensão das garantias constitucionais, a instabilidade política interna, ou outras emergências ou calamidades públicas.

Nem a periculosidade do detido ou condenado, nem a insegurança do estabelecimento carcerário ou penitenciário podem justificar a tortura.

O Estatuto de Roma do Tribunal Penal Internacional, de 17 de julho de 1998, promulgado pelo Decreto nº 4.388, de 25 de setembro de 2002, no

TORTURA CAPÍTULO 1

seu art. 7º, 1, *f*, entende a tortura como um crime contra a humanidade e, no item 2, *e*, a define, dizendo:

> e) Por "tortura" entende-se o ato por meio do qual uma dor ou sofrimentos agudos, físicos ou mentais, são intencionalmente causados a uma pessoa que esteja sob a custódia ou o controle do acusado; este termo não compreende a dor ou os sofrimentos resultantes unicamente de sanções legais, inerentes a essas sanções ou por elas ocasionadas;

A Assembleia Geral das Nações Unidas aprovou, ainda, em 18 de dezembro de 2002, um Protocolo Facultativo à Convenção contra a Tortura e outros Tratamentos ou Penas Cruéis, Desumanos e Degradantes, que entrou em vigor em 22 de junho de 2006.

De acordo com o Manual de Implementação ao Protocolo Facultativo à Convenção da ONU contra a Tortura:

> "O objetivo do Protocolo Facultativo é prevenir a tortura e outras formas de tratamento ou penas cruéis, desumanos ou degradantes. O Art. 1 da UNCAT[4] define como um crime de acordo com o direito internacional: o termo "tortura" designa qualquer ato pelo qual dores ou sofrimentos agudos, físicos ou mentais, são infligidos intencionalmente a uma pessoa a fim de obter, dela ou de terceira pessoa, informações ou confissões; de castigá--la por ato que ela ou terceira pessoa tenha cometido ou seja suspeita de ter cometido; de intimidar ou coagir esta pessoa ou outras pessoas; ou por qualquer motivo baseado em discriminação de qualquer natureza; quando tais dores ou sofrimentos são infligidos por um funcionário público ou outra pessoa no exercício de funções públicas, ou por sua instigação, ou com o seu consentimento ou aquiescência. Não se considerar. como tortura as dores ou sofrimentos que sejam consequência unicamente de sanções legítimas, ou que sejam inerentes a tais sanções ou delas decorram.

---

4 Convenção da ONU contra a Tortura e Outros Tratamentos ou Penas Cruéis, Desumanos ou Degradantes.

Este artigo identifica três elementos fundamentais na definição da tortura como crime:

• Deve haver dores ou sofrimentos agudos, físicos ou mentais;

• As dores ou sofrimentos devem ser infligidos com um propósito ou por qualquer motivo baseado em discriminação de qualquer natureza; e

• As dores ou sofrimentos devem ser infligidos por ou sob instigação de, ou com o consentimento ou aquiescência, de um funcionário público ou uma pessoa no exercício de funções públicas"[5].

Como se percebe, sem muito esforço, formalmente, o mundo repudia o emprego da tortura, seja qual for a situação. No entanto, como veremos mais adiante, determinados fatos, que têm trazido pânico à sociedade, fazem com que o uso oficial da tortura, por parte do Estado, seja repensado, infelizmente.

A chamada "guerra ao terror" tem permitido que a discussão do uso oficial da tortura, em determinadas situações, passe a ser não somente tolerado, como apoiado pelas populações que sofrem com o terrorismo.

3. DO CONCEITO INTERNACIONAL DE TORTURA

Embora a norma não seja elaborada com a finalidade de traduzir conceitos, em algumas situações essa conceituação torna-se necessária, tal como ocorre com a tortura, evitando-se, assim, decisões conflitantes sobre a sua existência ou não em determinado caso concreto.

Como vimos, vários diplomas internacionais procuraram estabelecer o conceito de tortura, a exemplo da Declaração sobre a Proteção de todas as pessoas contra a Tortura e outras Penas ou Tratamentos Cruéis, Desumanos ou Degradantes (aprovada pela Assembleia Geral das Nações Unidas em 9 de dezembro de 1975 – Resolução nº 3.452 [XXX]); da Convenção contra a Tortura e outros Tratamentos ou Penas Cruéis, Desumanos ou Degradantes (adotada pela Resolução nº 39/46, da Assembleia Geral das Nações Unidas, em 10 de dezembro de 1984); e da Convenção Interamericana para Prevenir e Punir a Tortura (adotada e aberta à assinatura no XV Período Ordinário de Sessões da Assembleia Geral da Organização dos Estados Americanos, em Cartagena das Índias – Colômbia, em 9 de dezembro de 1985).

---

5 Manual de Implementação ao Protocolo Facultativo à Convenção da ONU contra a Tortura, p. 28.

Todos os conceitos existentes nesses diplomas legais, com pequenas diferenças entre si, completam-se, ou seja, não são excludentes nem possuem a pretensão de definir, a título absoluto, o que venha a ser tortura. Por isso, adotaremos o conceito constante do art. 1º da Convenção contra a Tortura e outros Tratamentos ou Penas Cruéis, Desumanos ou Degradantes, adotada pela Resolução nº 39/46, da Assembleia Geral das Nações Unidas, em 10 de dezembro de 1984.

A tortura se caracteriza pela inflição de violenta dor ou sofrimento, que pode ser físico ou mental. Dessa forma, tanto pode ser considerado tortura o ato de o funcionário público espancar um preso, agredindo-o com pedaços de borracha, a fim de obter uma confissão, quanto a atitude daquele que, mediante uma série de artifícios, não permite que o preso repouse, ou seja, impede que durma durante um período prolongado de tempo, mesmo que não ocorra, para tanto, nenhum tipo de agressão física.

Infelizmente, a tortura ainda é constante nos presídios brasileiros, embora realizada ilegalmente. Por isso, organizações internacionais têm-se mobilizado no sentido de impedir sua prática, criando mecanismos de controle. Em regra, nessas situações, os presos são torturados por aqueles encarregados oficialmente de sua guarda, vigilância e cuidado.

Há países, contudo, que, andando na contramão dos direitos humanos, institucionalizaram a tortura, voltando, outrossim, às praticas que eram levadas a efeito durante o período medieval, principalmente aquelas utilizadas pela chamada "Santa Inquisição", sendo que a confissão, durante aquele período sombrio da história, e por um longo tempo, era considerada a *rainha das provas*.

Podemos apontar como exemplo dessa vergonha internacional o chamado USA *Patriotic Act,* ditado pelos Estados Unidos, pelo qual se permite a tortura dos presos considerados terroristas, conforme veremos mais adiante.

Seja na clandestinidade, seja através de um ato abusivo, mas oficialmente aceito pelo Estado, a tortura ainda é uma realidade a ser enfrentada. Não se pode tolerar que a humanidade, já no século XXI, ainda sofra com comportamentos que desrespeitam os seus valores básicos.

O preso, submetido a esse tipo de violência, não se preocupa com seu processo de ressocialização. Seu pensamento é dirigido, quase que exclusivamente, a fugir daquele ambiente, que o utiliza como se fosse um objeto descartável.

Em penitenciárias onde ocorrem as torturas, os índices de revoltas carcerárias são altíssimos. As torturas geram um efeito devastador entre os próprios presos. Por conta da sua prática, surgem as rebeliões. Nessas rebeliões, os presos mais fracos passam a ser alvo de tortura pelos mais fortes, com a finalidade de que o Estado intervenha no sentido de atender às reivindicações dos que desejam "fugir" daquele local de tormento e castigo.

A tortura transforma homens em feras; eles perdem a sensibilidade para com seus semelhantes e, dentro ou fora das grades, passam a cometer toda sorte de atrocidades. No sistema prisional brasileiro não é incomum que presos rebelados mutilem seus próprios colegas de cela, como forma de verem atendidas suas reivindicações.

Assim, a tortura gera um ciclo vicioso, ou seja, é praticada por servidores públicos contra presos que, revoltados, rebelam-se, e passam a agredir outros, normalmente pertencentes a facções diferentes, ou que cometeram crimes repudiados pelo ambiente carcerário, a exemplo do que ocorre com as violações sexuais.

Em países como o Brasil, onde o índice de criminalidade é muito alto, em que a população, nos grandes centros, vive amedrontada, a tortura a presos não é objeto da atenção dos meios de comunicação, tampouco a sociedade se preocupa com eventuais notícias de presos que foram torturados em algum centro carcerário. Na verdade, a sociedade, de forma geral, até se agrada com esse tipo de notícia, uma vez que o ódio contra aquele que praticou o crime é tão grande que a sua tortura parece compensar o mal que infligiu à sociedade.

Em pesquisa realizada pela Anistia Internacional, ficou comprovado que, no Brasil:

> "Tortura é usada como meio de obter confissões, subjugar, humilhar e controlar pessoas sob detenção, ou, com frequência cada vez maior, extorquir dinheiro ou servir aos interesses criminosos de policiais corruptos. O crime é cometido tanto por agentes do Estado, sobretudo integrantes das forças policiais militar e civil, como por guardas de presídios, ou com a sua conivência ou facilitado devido à falha de sua atuação. Isto ocorre no momento em que é efetuada a prisão, nas delegacias, presídios e centros de recolhimento de jovens. Trata-se, basicamente, de crime que geralmente escapa à punição, seja pelos órgãos disciplinares internos, seja, o que é mais importante, pela justiça criminal nos termos da lei

pertinente. Constitui agravante o fato de que a grande maioria das vítimas é composta de suspeitos criminais de baixa renda, com grau de instrução insuficiente, frequentemente de origem afro-brasileira ou indígena, que compõem um setor da sociedade cujos direitos sempre foram ignorados no Brasil"[6].

Em entrevista aos presos concentrados em uma cadeia brasileira, o Relator Especial das Nações Unidas sobre a Tortura ouviu uma afirmação que não pode ser contestada. Os presos, em resumo, indignados, disseram-lhe o seguinte: "Eles nos tratam como animais e esperam que nos comportemos como seres humanos quando sairmos"[7].

A Lei nº 12.847, de 2 de agosto de 2013, instituiu o Sistema Nacional de Prevenção e Combate à Tortura que, de acordo com seu art. 1º, tem o objetivo *de fortalecer a prevenção e o combate à tortura, por meio de articulação e atuação cooperativa de seus integrantes, dentre outras formas, permitindo as trocas de informações e o intercâmbio de boas práticas.*

De acordo com o art. 8º do referido diploma legal:

> **Art. 8º** Fica criado o Mecanismo Nacional de Prevenção e Combate à Tortura-MNPCT, órgão integrante da estrutura da Secretaria de Direitos Humanos da Presidência da República, responsável pela prevenção e combate à tortura e a outros tratamentos ou penas cruéis, desumanos ou degradantes, nos termos do Art. 3 do Protocolo Facultativo à Convenção das Nações Unidas contra a Tortura e Outros Tratamentos ou Penas Cruéis, Desumanos ou Degradantes, promulgado pelo Decreto nº 6.085, de 19 de abril de 2007.

4. DETERMINAÇÕES INTERNACIONAIS AOS ESTADOS PARA QUE PROÍBAM E IMPEÇAM AS TORTURAS E AS PENAS OU TRATAMENTOS CRUÉIS, DESUMANOS OU DEGRADANTES

O Alto Comissariado das Nações Unidas para os Direitos Humanos, em cooperação com a *International Bar Association*, em conclusão ao capítulo 2

---

6 Anistia Internacional. *Tortura e maus-tratos no Brasil*, p. 5-6.
7 Anistia Internacional. *Tortura e maus-tratos no Brasil*, p. 8.

do Manual de Direitos Humanos para Juízes, membros do Ministério Público e Advogados, estabeleceu uma série de comportamentos que deveriam ser assumidos pelos Estados a fim de evitar a tortura, bem como as penas ou tratamentos cruéis, desumanos ou degradantes.

A primeira delas assevera que o Direito Internacional impõe aos Estados o dever jurídico de tomar medidas eficazes nos três âmbitos de Poder – Legislativo, Executivo e Judiciário –, a fim de prevenir e evitar a prática da tortura, bem como impedir qualquer pena ou tratamento cruel, desumano ou degradante.

Dessa forma, a maioria das legislações dos Estados prevê como crime a tortura, e algumas Constituições, a exemplo da brasileira, contêm princípios ligados diretamente à cominação, aplicação e execução das penas, como ocorre com o princípio da limitação das penas, o qual proíbe a criação de tipos penais incriminadores que contenham, em seu preceito secundário, penas cruéis.

O art. 5º da Constituição brasileira, inserido no Título II, correspondente aos direitos e garantias fundamentais, diz que a lei considera a tortura um crime inafiançável e insuscetível de graça ou anistia (inciso XLIII), proibindo, também, as penas de morte (salvo nos casos de guerra declarada), de caráter perpétuo, de banimento e, ainda, as consideradas cruéis.

A segunda determinação diz que os Estados têm o dever jurídico de investigar, rápida e rigorosamente, todos os casos nos quais for alegada a tortura, bem como qualquer outra forma de aplicação ou cumprimento de pena cruel, desumana ou degradante, garantindo às vítimas uma via com recursos eficazes e rápidos, sem qualquer tipo de burocracia ou entraves formais que impeçam a sua busca pelo socorro oficial do Estado.

Os Estados não podem, em razão do corporativismo existente entre seus funcionários, permitir que fique impune aquele que praticou o crime de tortura. A tortura, não importando a situação, não se considerando a sua motivação, é uma abominação que não deve ser tolerada pelo Estado e este deve punir com rigor os funcionários públicos que a praticam.

A vítima, por sua vez, deve poder comunicar-se com as autoridades competentes, sem entraves burocráticos, para que possa levar o seu caso à Justiça de maneira rápida e eficaz.Todo tipo de formalismo deve ser evitado. A investigação, obviamente que respeitados todos os princípios que lhe são inerentes, a exemplo do contraditório e da ampla defesa, deve ser a mais rápida possível.

TORTURA CAPÍTULO 1

A terceira determinação é aquela que impede a concessão de imunidade aos autores da prática do crime de tortura ou que infligem penas ou tratamentos cruéis, desumanos ou degradantes.

O Estado não pode acobertar seus funcionários que praticam atos contrários à lei, por mais que aleguem estar a serviço da sociedade, buscando eliminar e prevenir a prática de crimes. A tortura e as demais formas de maus-tratos não se justificam, razão pela qual os funcionários que as praticam não podem ficar imunes à sua responsabilização administrativa, civil e penal. Deve, como resposta, o Estado demitir, a bem do serviço público, o funcionário que, ilegalmente, praticar esse tipo de comportamento.

A quarta determinação diz que toda pessoa tem o direito de não ser sujeita a tortura ou a penas ou tratamentos cruéis, desumanos ou degradantes, e esse direito deve ser garantido em todas as circunstâncias, não sendo passível de derrogação, mesmo em situações de emergência pública, que ameacem a existência da nação.

De mais a mais, afora as disposições constantes da Lei Especial e da nossa Constituição Federal, temos inúmeros Diplomas Internacionais ratificados pelo Brasil, que também servem de norte para reafirmar a importância do tratamento diferenciado que deve ser dado para o crime em comento, a começar pela "Declaração Universal de Direitos Humanos" (1948) e demais convenções específicas sobre a tortura, tais como: a "Convenção Americana sobre Direitos Humanos – Pacto de São José da Costa Rica" (1969), a "Convenção Interamericana para Prevenir e Punir a Tortura" (1985) e a "Convenção contra a Tortura e Outros Tratamentos ou Penas Cruéis, Desumanos ou Degradantes" (1991), além da "Convenção de Nova York sobre os Direitos da Criança" (1990), que também é aplicada para o caso concreto (TJ-SP, AC 0007260-31.2014.8.26.0005, Rel. Des. Airton Vieira, DJe 04/12/2015).

---

5. FORMAS DE TORTURA DURANTE A HISTÓRIA

A crueldade humana não tem limites. Durante a história, o ser humano foi capaz de imaginar as mais diversas formas de inflição de dor, de sofrimento ao seu semelhante. A pior parte disso reside no fato de que, em muitos casos, a população se regozijava em assistir esses atos de terror praticados em praça pública.

De acordo com as lições de Mário Coimbra:

> "A tortura foi uma importante instituição na antiguidade, definida como 'o tormento que se aplicava ao corpo, com o fim de averiguar a verdade', sendo que sua base psicológica sedimentava-se no fato de que, mesmo o homem mais mentiroso, tem uma tendência natural de dizer a verdade; e, para mentir, há a necessidade de exercer um autocontrole, mediante esforço cerebral. Infligindo-lhe a tortura, esse tem que canalizar suas energias, para a resistência à dor, culminando, assim, por revelar o que sabe, no momento em que sua contumácia é debilitada, pelos tormentos aplicados. Acrescente-se que os graves sofrimentos impostos aos condenados na antiguidade, até mesmo como suplício prévio na pena de morte, amoldam-se ao moderno conceito de tortura.
>
> Preleciona-se, com acerto, de que a tortura é uma criação antiga e nasceu juntamente com o desejo tirano do homem de dominar seu semelhante; e que as suas ações estão pautadas antes pelo poder do que pela virtude e pela razão"[8].

Assim, somente a título de registro, selecionamos algumas das formas mais comuns de tortura, que foram sendo utilizadas ao longo do anos, a saber:

Esmagadores de cabeça: muito utilizado durante a Inquisição Espanhola, esse instrumento era capaz de causar dores e danos irreparáveis, e consistia em um capacete ligado a uma barra onde se apoiava o queixo da vítima. Depois disso, um parafuso apertava o capacete comprimindo-lhe a cabeça. Com essa compressão, os torturadores conseguiam destruir as arcadas dentárias e as mandíbulas e, se não fosse cessada à tempo, os globos oculares saltavam-lhe dos olhos e o cérebro saía despedaçado pelo crânio;

Calda da Verdade: cabeça da vítima era mergulhada em balde com fezes e urina;

Roda: a vítima tinha seu corpo preso à parte externa de uma roda posicionada em baixo de um braseiro. Funcionava como se fosse uma

---

8 COIMBRA, Mário. *Tratamento do injusto penal da tortura*, p. 16/17.

churrasqueira, onde o corpo queimava à medida que se aproximava do braseiro. Em algumas versões, o fogo era substituído por ferros pontiagudos que cortavam a carne do torturado;

Esfolamento: a pessoa era amarrada deitada ao chão, e sua pele era retirada aos poucos. A cautela do torturador residia no fato de que a pele deveria ser mantida intacta, após retirada do corpo da vítima, pois a finalidade era fazer a sua exposição em locais públicos;

Estripador de seios: era utilizado para punir mulheres acusadas da prática de bruxaria, aborto ou adultério. As garras do aparelho, que podiam ser aquecidas até ficar em brasas, eram utilizadas para arrancar os seio da mulher, vítima da tortura;

Pera da angústia: utilizado para punir mulheres, mentirosos, e homossexuais. O aparelho em formato de pera era inserido na vagina da mulheres, no ânus dos homossexuais e na boca dos blasfemadores. Após a introdução, o torturador entortava um parafuso, e as folhas do aparelho se abriam, como se fosse uma flor desabrochando dentro das vítimas;

Tortura d'água: o torturado era amarrado de barriga para cima, ocasião em que o torturador introduzia um funil na sua boca e despejava litros de água;

Simulação de afogamento: parecido com a tortura d'água, com a diferença de que, neste caso, coloca-se um pano por sobre o rosto do torturado, e despeja-se água, continuamente, através de uma mangueira ou balde, impedindo-se a respiração;

Privação do sono: é realizado, normalmente, através de música, com som ensurdecedor, barulhos diversos, perturbações constantes etc., permanecendo a vítima, muitas vezes, por dias sem sono contínuo. O método ainda é utilizado em países como Estados Unidos, Arábia Saudita, Alemanha, China, Israel e Palestina, segundo o relatório da Anistia Internacional;

Exposição ao calor ou ao frio extremos: como é comum ocorrer na China;

Choques elétricos: ainda são comuns em países como Rússia, Estados Unidos e Iraque. No Brasil, essa utilização era feita através de uma manivela, onde a vítima recebia os choques elétricos nas regiões genitais. Foi muito utilizada durante o período da ditadura militar;

Execução simulada: Consiste em aterrorizar a vítima com a ideia de que será morta naquele instante. Em geral, com olhos vendados ou não, o preso tem uma arma colocada em sua cabeça ou boca, que é disparada sem munição. O barulho do gatilho é suficiente para levar a uma situação de limite de estresse. O relatório da Anistia Internacional aponta que a execução simulada ainda é prática comum nos Estados Unidos e Irã;

Asfixia: é realizada de diversas formas, principalmente com a utilização de um saco plástico, que cobre completamente a cabeça da vítima, que agoniza tentando respirar;

Introdução de instrumentos pontiagudos debaixo das unhas: normalmente, são utilizados canivetes, agulhas, espinhos ou qualquer outro instrumento que possa ser inserido entre a carne dos dedos e a unha da vítima, seja das mãos ou dos pés;

Pau-de-arara (também conhecido como "tortura brasileira", foi muito utilizado na época da ditadura militar, quando o torturado ficava suspenso, com as pernas e os braços presos em uma barra de ferro, ali recebendo toda sorte de golpes.

Conforme relatos da Anistia Internacional:

> "As ferramentas de tortura mais comuns são básicas e brutais – a mão, a bota e o cassetete – tudo o que pode causar ferimentos ou quebrar ossos.

> Esses são alguns dos métodos mais "avançados" que a pesquisa da Anistia Internacional documentou:

> México: "Tehuacanazo" – água gaseificada é forçada no detido pelas narinas.

> Marrocos: "Frango assado" – semelhante ao pau-de-arara, é a suspensão de cabeça para baixo em posição de estresse, onde as vítimas são penduradas em uma barra

por seus joelhos e pulsos em posição de agachamento, colocando grande pressão sobre os joelhos e ombros.

Nigéria: "Tabay" – quando os policiais atam os cotovelos dos detidos às costas e os suspendem.

Filipinas: "Roda da Tortura" – policiais giram uma roda de tortura para decidir como torturar os detentos. Diferentes seções da roda incluem: "30 segundos na posição de morcego", quando o detento é pendurado de cabeça para baixo (como um morcego); e "20 segundos Manny Pacquaio" nome do famoso boxeador do país, quando o detento é perfurado sem parar por 20 segundos.

Uzbequistão: Espancamentos enquanto os detidos estão suspensos em ganchos do teto por suas mãos, muitas vezes com os braços presos atrás das costas, ou enquanto estão algemados a radiadores ou barras de metal presas a paredes"[9].

Essas são, com se percebe, somente algumas das incontáveis formas de torturas que foram, e ainda são, praticadas em todo o mundo.

Realmente, a criatividade maligna do homem não tem fim. A satisfação, o prazer, a insensibilidade com o sofrimento alheio fizeram, e ainda fazem parte da nossa sociedade, razão pela qual todos os meios legais devem ser utilizados para que essas pessoas sejam efetivamente punidas através do ramo mais radical do ordenamento jurídico, vale dizer, o Direito Penal.

6. TERRORISMO COMO (FALSO) DISCURSO LEGITIMADOR DA TORTURA

Normalmente, quando nos referimos a tortura, nos remetemos, quase que imediatamente, aos calabouços dos governos autoritários, aos atos covardes praticados na clandestinidade, aos abusos cometidos em nome da suposta manutenção da legalidade, enfim, a tortura importa em um reconhecimento da situação de inferioridade da vítima, por alguém ou uma instituição que é considerada como desprezível, que não enxerga nela a dignidade existente em todo ser humano.

No entanto, o discurso sobre a legitimidade da tortura vem mudando ao longo dos anos e, ao que parece, estamos num caminho de volta ao período medieval, principalmente na época da inquisição promovida pela

---

9 Disponível em: <https://anistia.org.br/noticias/tortura-uma-crise-global>. Acesso em: 24 fev. 2016.

igreja católica, em que era um comportamento não somente aceito, mas estimulado em alguns países, a exemplo de Portugal, Espanha, França e Itália.

O chamado Tribunal do Santo Ofício era uma instituição da igreja católica apostólica romana, que possuía uma natureza judicial, e tinha como finalidade principal inquirir a respeito de "heresias", razão pela qual ficou conhecido como Inquisição.

A Inquisição teve início no século XII, em 1184, através da bula *Ad Abolendam* do Papa Lucio III, com a finalidade precípua de combater o sectarismo religioso, principalmente em relação aos cátaros e valdenses, tidos como heréticos, cujos pensamentos religiosos cresciam no sul da França e nas cidades do norte da Itália. Como prelecionam Michael Baigent e Richard Leigh:

> "Em sua origem, a Inquisição foi produto de um mundo brutal, insensível e ignorante. Assim, o que não surpreende, foi ela própria brutal, insensível e ignorante. E não o foi mais do que inúmeras outras instituições da época, espirituais e temporais. Tanto quanto essas instituições, faz parte de nossa herança coletiva"[10].

E continuam, dizendo:

> "A Inquisição – às vezes cínica e venal, às vezes maniacamente fanática em suas intenções supostamente louváveis – na verdade pode ter sido tão brutal quanto a época que a gerou"[11].

Em 1484, em cumprimento à bula papal *Summis Desiderantis Affectibus*, de Inocêncio VIII, foi escrito o *Malleus Maleficarum* (*O martelo das bruxas* ou *O martelo das feiticeiras*), pelos inquisidores Heinrich Kramer e James Sprenger, que se transformou no guia dos inquisidores a partir do momento de sua publicação. Embora outros manuais de tortura tenham sido escritos naquela época, o *Malleus Maleficarum* foi reconhecido por todos como um dos mais perversos e cruéis.

Dando um salto nos séculos, hoje o mundo se volta para uma nova forma de perseguição religiosa, que, a seu modo, pratica sua própria "Inquisição". Grupos islâmicos radicais buscam erradicar os chamados "infiéis" ou converter, à força, aqueles que professam outras religiões. Seus métodos doentios levam pânico a muitos países. São agentes do

---

10 BAIGENT, Michael; LEIGH, Richard. *A Inquisição*, p. 15.

11 BAIGENT, Michael; LEIGH, Richard. *A Inquisição*, p. 16.

TORTURA   CAPÍTULO 1

terror, e fazem questão de ser conhecidos pela brutalidade dos seus atos, seja decapitando suas vítimas e postando as imagens na rede mundial de computadores, seja utilizando homens-bomba, ou mesmo explosivos previamente instalados em locais de grande concentração de pessoas, ou, ainda, com atiradores que se dispõem a efetuar disparos em alvos que lhe convêm, que lhe trazem essa mórbida publicidade.

Não somente o terrorismo religioso fez parte dos últimos séculos. O terrorismo político, por exemplo, também cresceu assustadoramente. Hoje, portanto, existe o que os Estados Unidos convencionaram denominar "guerra ao terror" e, por conta desse novo momento, em virtude da necessidade de combater esses grupos terroristas, é que o discurso sobre o uso legítimo da tortura tem voltado à tona.

Após os atentados às torres gêmeas do World Trade Center, em Nova York, e também contra o Pentágono, nos arredores de Washington, todos em 11 de setembro de 2001, que causaram a morte de aproximadamente três mil pessoas, praticados pela Al-Qaeda, um grupo fundamentalista islâmico, liderados, à época, por Osama bin Laden, o governo de George W. Bush conseguiu a aprovação no Congresso dos Estados Unidos dos chamados *USA Patriotic Acts*, ou seja, um conjunto de leis que auxiliariam a detectar, investigar e combater o terrorismo e outros tipos de crime.

Sob o argumento da "guerra ao terror", os Estados Unidos invadiram o Afeganistão e o Iraque, derrubando, neste último pais, o ditador Sadam Hussem, que posteriormente veio a ser condenado à morte, pela forca.

Segundo denúncias da Anistia Internacional, as prisões de Guantánamo, localizada na ilha de Cuba, Abu Ghraib, no Iraque, e inúmeras outras prisões secretas da CIA (Central Intelligence Agency), transformaram-se em centros de tortura com o fim de identificar as pessoas ligadas a esses grupos terroristas.

Em 11 de março de 2014, os terroristas da Al-Qaeda colocaram explosivos nos trens suburbanos de Cercanias, em Madri, três dias antes das eleições na Espanha, causando a morte de 191 pessoas, e ferindo mais de duas mil.

Em 7 de julho de 2005 foi a vez de Londres sofrer com os ataques terroristas, quando, em pleno horário do *rush*, em menos de uma hora, houve quatro explosões, atingindo três trens do metrô e um ônibus de dois andares, matando 52 pessoas, e ferindo em torno de 700.

Bombaim, a maior capital financeira da Índia, também foi alvo da fúria terrorista, onde entre os dias 26 e 29 de novembro de 2008 houve vários ataques, causando a morte de pelo menos 195 pessoas, e mais de 300 ficaram feridas.

A França também foi vítima da covardia terrorista. Doze pessoas morreram, e outras cinco ficaram feridas, por conta do ataque ao jornal satírico *Charlie Hebdo*, no dia 7 de janeiro de 2015, sendo que, no mesmo ano, no dia 13 de novembro, outros atentados foram levados a efeito, com fuzilamento em massa, atentados suicidas, utilização de reféns, explosões, que resultaram na morte de 137 pessoas e mais de 350 feridos, sendo que o maior número de vítimas encontrava-se no teatro Bataclan.

Na manhã do dia 22 de março de 2016 foi a vez de Bruxelas, na Bélgica, onde foram detonados explosivos no aeroporto internacional de Zaventem, e também em um dos vagões do metro, causando a morte de mais de 30 pessoas e centenas de feridos.

O grupo terrorista Estado Islâmico assumiu a autoria dos atentados ocorridos na França e na Bélgica.

Esses são somente alguns dos exemplos que chamaram a atenção da mídia, principalmente por conta dos países onde foram realizados. Não podemos nos esquecer, contudo, que o continente africano e também o oriente médio têm sido vítimas constantes da ações terroristas. São milhares e milhares de pessoas mortas, que contabilizam essa política do terror.

Por conta disso tudo, novas discussões têm sido realizadas sobre a possibilidade/necessidade do uso oficial da tortura como mais um instrumento de "defesa" contra o terrorismo. Essas discussões ocorrem, principalmente, em países que vivem, ou pelo menos já vivenciaram, as consequências dos atos terroristas, e entendem que o uso oficial da tortura terá o condão de auxiliar o combate a essas células criminosas, que contam, cada dia mais, com a simpatia de jovens, cujas mentes vêm sendo "lavadas" com discursos mentirosos e doentios.

É comum, durante as discussões jurídicas, o argumento de que não existem direitos absolutos, e, hoje, a utilização da tortura, como forma não somente de obter a confissão pela prática de determinados crimes mas, e principalmente, como meio de investigação, a fim de identificar agentes terroristas, evitando-se o cometimento de atentados, tem sido corriqueiramente mencionada, principalmente na Europa e Estados Unidos.

Conforme esclarece Michel Terestchenko:

> "É totalmente falso afirmar, como pretenderam muitas vezes os governos do Estados Unidos, que as sevícias cometidas por seus soldados no Afeganistão, em Cuba

ou no Iraque constituíram uma 'novidade' ou que foram apenas ações isoladas de alguns indivíduos cruéis e sádicos que agiram sozinhos, escapando ao controle de seus superiores hierárquicos. (...)

A agência americana desenvolvera, havia cinquenta anos, uma habilidade adquirida durante o Período da Guerra Fria e da luta contra a 'subversão comunista', em parte graças à ajuda de antigos militares franceses da guerra da Argélia, conhecidos pela teorização e pela colocação em prática do uso de métodos de interrogatório 'truculentos', qualificados entre eles próprios como tortura. O que as operações anti-insurrecionais e a luta contra a 'subversão comunista' do passado e a atual 'guerra global contra o terror' têm em comum é colocar em primeiro plano a busca de informações e, consequentemente, os métodos de coerção, com a finalidade de obrigar os prisioneiros recalcitrantes, suspeitos de deter informações 'vitais', a falar, rompendo a resistência de sua vontade e de seu psiquismo"[12].

"Em 2004, o mundo inteiro descobriu as técnicas humilhantes e degradantes, incluindo sevícias sexuais, utilizadas pelo exército americano contra os detidos da prisão iraquiana de Abu Ghraib, das quais algumas eram igualmente usadas, ao que parece, em Guantánamo Bay e nos centros de detenção do Afeganistão. Para a maioria, elas procediam do emprego sistemático de uma política de Estado, decidida pelo presidente dos Estados Unidos no âmbito da 'guerra global contra o terror', apoiando-se em uma casuística jurídica elaborada pelos mais eminentes juristas dos ministérios da Justiça e da Defesa"[13].

No mesmo sentido, a Anistia Internacional ressaltou que:

"As fotografias de soldados estado-unidenses humilhando e aterrorizando detentos em Abu Ghraib comoveram o mundo quando foram publicadas em

---

12 TERESTCHENKO, Michel. *O bom uso da tortura* – ou como as democracias justificam o injustificável, p. 15/16.

13 TERESTCHENKO, Michel. *O bom uso da tortura* – ou como as democracias justificam o injustificável, p. 23.

2004. As imagens se difundiram quando já se haviam produzido numerosas denúncias de torturas e outros maus-tratos relacionados aos centros de detenção dos Estados Unidos no Afeganistão, Iraque e Guantânamo. O escândalo de Abu Ghraib levou as altas autoridades estado-unidenses a condenar os abusos descobertos e a colocar em marcha investigações limitadas e revisões das práticas de detenção. Mas, essas medidas não se traduziram na prestação de contas de todos os responsáveis, a reparação para as vítimas, nem em medidas adequadas para impedir que estes tipos de violações dos direitos humanos se repitam no futuro.

De fato, sabemos que o governo estado-unidense autorizou métodos de interrogatório – como posturas em tensão, isolamento prolongado, privação sensorial e afogamento simulado – que constituem tortura ou outros maus-tratos em virtude do direito internacional.

O governo dos Estados Unidos levou a cabo um programa de 'entregas extraordinárias'– traslados de pessoas suspeitas de atos de terrorismo de um Estado a outro sem o devido processo, inclusive a países onde correm risco real de sofrer tortura e outros maus-tratos – e um programa de detenção secreta, em virtude do qual os detentos se converteram em vítimas de desaparecimento forçado. O governo estado-unidense autorizou a tortura e outros maus-tratos e se reservou o direito de voltar a fazê-lo se as 'circunstâncias' o justificarem. As leis, as opiniões jurídicas e as ordens executivas dos Estados Unidos que facilitaram tais práticas devem ser modificadas ou revogadas, e se deve pôr fim à impunidade pelos abusos"[14].

Existem, outrossim, discussões doutrinárias a respeito do tema, sendo que uma corrente defende o uso oficial da tortura em determinadas situações, e outra a repele, veementemente, sem abrir qualquer exceção.

Um dos exemplos mais utilizados para justificar a discussão sobre o uso legítimo da tortura diz respeito à chamada bomba-relógio. Assim, de acordo com a discussão mais atual, se um terrorista, v.g., for surpreendido numa escuta telefônica, dizendo que havia colocado a bomba-relógio no

---

14 Disponível em: <http://amnesty.org/es>.

local acordado e, em razão desse contato telefônico, que estava sendo monitorado em tempo real, é descoberto seu endereço e sua prisão realizada antes da denotação do explosivo, pergunta-se: Seria possível o uso da tortura, com o fim de descobrir o local onde havia sido colocado o artefato explosivo e, consequentemente, salvar a vida ou preservar a integridade física de inúmeras pessoas?

Analisando a hipótese da bomba-relógio, Michel Terestchenko assevera, com razão, que ela:

> "Pressupõe que os serviços de informação ou a polícia saibam, com absoluta certeza, que detiveram um terrorista prestes a cometer um atentado. Mas este pressuposto é extremamente improvável. Trata-se de descobrir somente a localização da bomba e a hora exata de seu disparo iminente, porque o resto já é conhecido? As coisas não são bem assim. Em todos os casos conhecidos, a iminência do ato – que deve ser questão de horas, talvez de dias – é ignorada: no máximo, é considerada uma eventualidade. É possível que a tortura possa revelar esta informação, mas, como não existe um conhecimento prévio, qual a razão da tortura neste prisioneiro? Podemos ter certeza de que milhares de indivíduos não serão entregues a semelhantes sevícias porque um ou mais deles poderiam estar informados de um futuro projeto de atentado? Na falta de informações prévias, devidamente comprovadas e confirmadas, a hipótese da 'bomba-relógio' traz o risco de abrir precedentes a abusos, em contradição com suas premissas, que são extremamente rigorosas"[15].

Não somente a prática do terrorismo tenta legitimar o discurso da tortura. Outras infrações penais, principalmente aquelas que envolvem a privação da liberdade de alguém, ou que colocam em risco um número indeterminado de pessoas, também estimulam o debate.

A título de exemplo, na Alemanha, entre os meses de setembro a outubro de 2002, estava em andamento um crime de extorsão mediante sequestro, em que a vítima, Jakob Von Metzler, com apenas 11 anos de idade, e filha de um banqueiro de Frankfurt, foi sequestrada enquanto regressava do colégio. O sequestrador exigiu um milhão de euros, como pagamento do

---

15 TERESTCHENKO, Michel. *O bom uso da tortura* – ou como as democracias justificam o injustificável, p. 93/94.

resgate, o que foi efetivamente feito. Mesmo após o pagamento, o refém não foi liberado. Pouco tempo depois, a polícia identificou e prendeu o sequestrador, um estudante de direito, com 28 anos de idade, que era amigo da irmã da criança sequestrada.

Durante seu interrogatório na polícia, o sequestrador, durante horas, informou pistas falsas do lugar do cativeiro. O chefe de polícia, então, determinou que seus subordinados torturassem o sequestrador, com o fim de localizar a vítima, que poderia estar correndo o risco de não ser resgatada com vida. Antes mesmo que fosse torturado, por conta das ameaças de tortura, o sequestrador indicou o lugar correto, mas a vítima já estava morta, por asfixia, em virtude das fitas adesivas que foram colocadas em sua boca, que a impediram de respirar.

Independentemente do fato de ter sido esse estudante condenado à prisão perpétua, surgiu na Alemanha o debate sobre o comportamento levado a efeito pela polícia, ou seja, se era ou não justificável que, naquela situação específica, a tortura fosse um meio necessário para se poder encontrar e libertar a vítima do sequestro. Como noticia Miguel Polaino Navarrete:

> "Enquanto alguns juristas consideravam que os métodos empregados excediam o permitido e causavam danos sérios à constitucionalidade estatal naquele país, outros defendiam as ameaças de tortura como meio necessário não somente para salvar a vida do menor, senão para desenvolver qualquer atividade minimamente produtiva no âmbito policial: como argumentava o advogado defensor do chefe de polícia, a conduta dele havia sido 'necessária e proporcional à situação', e se perguntava 'se a polícia ficaria de braços cruzados esperando enquanto uma criança sequestrada agonizava até a morte'. Em duas palavras: Há de se admitir ou não a tortura, como meio excepcional para conseguir uma confissão deste estilo?"[16]

O Tribunal alemão entendeu que não havia essa possibilidade de se considerar a tortura como um meio legítimo, e condenou o chefe de polícia e também a outro policial, ao pagamento de uma multa no valor aproximado de 11 mil euros, por ordenar e proferir as ameaças de tortura para obtenção da declaração que os levou ao cativeiro.

---

16 NAVARRETE, Miguel Polaino. *El derecho absoluto a no ser torturado*, p. 220/221.

Vale a pena transcrever parte das conclusões a que chegou o Catedrático de Direito Penal da Universidade de Sevilla, Miguel Polaino Navarrete, no epílogo que escreveu no livro de Victor Félix Reinaidi, que diz respeito ao direito absoluto em não ser torturado, onde, claramente, coloca a discussão do tema sob o prisma do confronto dos bens juridicamente protegidos, quando diz que:

> "É evidente que a dignidade da pessoa há de se quedar imune a todo ataque ilegítimo. Ninguém duvida que a tortura como trato degradante, gratuito e encarniçado é, sempre, em todas as latitudes, proibida e sancionada penalmente, por constituir um dos atos mais execráveis imagináveis. Sobre isso não há discussão alguma. Mas o problema se coloca quando uma lesão à dignidade humana colide com a lesão a outra dignidade humana. Nesses casos excepcionais, é discutível se os argumentos erigidos pelo Tribunal alemão, e também, de maneira clara e precisa pelo autor desse interessante livro, hão de seguir sendo incontroversos.
>
> O exemplo mencionado é um banco de provas sobre se realmente o direito a não ser torturado há de ser absoluto ou é um direito que pode conhecer alguma exceção, pois do que se trata é de ponderar se a enérgica cominação a um sujeito para que revele o paradeiro da vítima, que foi colocada por ele numa situação de perigo, pode ceder ante o fato de velar prioritariamente pela proteção dessa vítima, especialmente naqueles casos em que como o do filho do banqueiro – o sequestrador não só não se preocupou com o sequestrado, deixando-o à própria sorte, como foi a uma companhia de viagens a fim de preparar um *tour* pelo Caribe, ou qualquer outro lugar, fornecendo pistas falsas sobre a situação do sequestrado, ou negando-se, quando foi detido, a dar notícias sobre o paradeiro do menor, sobre o que existe fundado temor que se coloque em perigo a sua vida.
>
> Aí o problema se coloca em determinar se, com efeito, toda afeição da dignidade da pessoa constitui um delito de tortura, ou se, pelo contrário, existe um certo âmbito no qual prima a otimização da segurança geral ainda aos custo da limitação da esfera de liberdade de um sujeito

concreto. Se isso é assim, então seria mantida a máxima hegeliana 'sê pessoa e respeita aos demais como pessoas', e ademais se evitaria supervalorizar em excesso a liberdade do cidadão que produz um dano irreparável a outro sujeito da sociedade. O tratamento dos sujeitos como pessoas em Direito é, pois, consequência do reconhecimento dos *outros como eu*, porque – como diria o poeta sevilhano Antonio Machado, pela boca de Juan de Mairena: *por mais que um homem valha, nunca*[17] *terá valor mais alto que o de ser homem".*

Esse último caso, ao contrário do que ocorre, felizmente, com o ataque terrorista, é muito comum no Brasil, ou seja, ainda existe um número considerável de extorsões mediante sequestro. Assim, trazendo a discussão para a nossa realidade, seria possível o uso oficial da tortura, na hipótese em que um dos agentes, pertencente ao bando criminoso que havia praticado o delito, tivesse sido preso pela polícia, a fim de declarar o local exato do cativeiro onde se encontrava a vítima do delito?

Entender-se que sim, seria abrir um precedente extremamente perigoso e concluir, por outro lado, que a polícia não tem capacidade suficiente para descobrir o cativeiro através de meios legais e não ofensivos à dignidade da pessoa humana.

Liberar o uso oficial da tortura seria igualar o Estado ao criminoso, decretando-se, consequentemente, a sua total falência na obrigação de proteger a população em geral, com a preservação de seus direitos fundamentais.

7. PREVISÃO LEGAL DE PROIBIÇÃO DA TORTURA NO BRASIL

Nem sempre a tortura foi proibida em nosso país. Na verdade, a começar pela época do Império, em que estávamos sujeitos às chamadas Ordenações do Reino, principalmente a última delas, conhecida como Ordenações Filipinas, aplicada até a entrada em vigor do Código Criminal do Império Brasileiro, de 1830, a tortura foi amplamente utilizada.

Não somente os índios que já habitavam em nosso território, como também os negros trazidos da África a fim de, aqui, serem escravizados, e outros tantos acusados pela prática de alguma infração penal, independentemente de raça ou cor de pele, foram vítimas dessas

---

17 NAVARRETE, Miguel Polaino. *El derecho absoluto a no ser torturado*, p. 224/225.

TORTURA CAPÍTULO 1

atrocidades, pois que no Título CXXXIII das mencionadas Ordenações Filipinas, havia previsão para a aplicação dos chamados *tormentos*.

Em 25 de março de 1824, após a declaração de independência do Brasil (1822), foi outorgada pelo Imperador D. Pedro I a nossa primeira Constituição Política do Império do Brasil, cujo inc. XIX do art. 179 dizia que:

> XIX. Desde já ficam abolidos os açoites, a tortura, a marca de ferro quente, e todas as mais penas cruéis.

Essa proibição do uso da tortura, como não poderia deixar de ser, teve reflexos diretos no nosso Código Criminal do Império, de 11 de outubro de 1890, que proibia, inclusive, no seu art. 44, as chamadas penas infamantes.

A Proclamação da República, levada a efeito em 15 de novembro de 1889, através do golpe militar liderado pelo Marechal Deodoro da Fonseca, fez surgir a necessidade da edição de uma nova Carta Magna, o que efetivamente aconteceu com a promulgação da Constituição da República dos Estados Unidos do Brasil, em 24 de fevereiro de 1891.

Ao contrário do que ocorreu com a Constituição de 1824, a primeira Constituição da República não proibiu expressamente o uso da tortura, embora, nos §§ 20 e 21 do art. 72, tenham sido abolidas as penas de galés e a de banimento judicial, bem como a pena de morte, reservadas as disposições da legislação militar em tempo de guerra.

Da mesma forma, a Constituição da República dos Estados Unidos do Brasil, promulgada em 16 de julho de 1934, também não fez proibição expressa do uso da tortura, dizendo, no entanto, no item 29 do art. 113 que não haveria pena de banimento, morte, confisco ou de caráter perpétuo, ressalvadas, quanto à pena de morte, as disposições da legislação militar, em tempo de guerra com país estrangeiro.

A Constituição dos Estados Unidos do Brasil, de 10 de novembro de 1937, também não mencionou expressamente a proibição do uso de tortura e, no item 13 do art. 122 disse somente que não haveriam penas corpóreas perpétuas, dando a entender, fazendo-se uma interpretação a *contrario sensu*, de que seriam possíveis as penas corpóreas temporais. Além disso, no mesmo item, previu a pena de morte para determinadas infrações penais, dizendo:

> 13) Não haverá penas corpóreas perpétuas. As penas estabelecidas ou agravadas na lei nova

não se aplicam aos fatos anteriores. Além dos casos previstos na legislação militar para o tempo de guerra, a pena de morte será aplicada nos seguintes crimes:

a) tentar submeter o território da Nação ou parte dele à soberania de Estado estrangeiro;

b) atentar, com auxílio ou subsídio de Estado estrangeiro ou organização de caráter internacional, contra a unidade da Nação, procurando desmembrar o território sujeito à sua soberania;

c) tentar por meio de movimento armado o desmembramento do território nacional, desde que para reprimi-lo se torne necessário proceder a operações de guerra;

d) tentar, com auxílio ou subsídio de Estado estrangeiro ou organização de caráter internacional, a mudança da ordem política ou social estabelecida na Constituição;

e) tentar subverter por meios violentos a ordem política e social, com o fim de apoderar-se do Estado para o estabelecimento da ditadura de uma classe social;

f) a insurreição armada contra os Poderes do Estado, assim considerada ainda que as armas se encontrem em depósito;

g) praticar atos destinados a provocar a guerra civil, se esta sobrevém em virtude deles;

h) atentar contra a segurança do Estado praticando devastação, saque, incêndio, depredação ou quaisquer atos destinados a suscitar terror;

i) atentar contra a vida, a incolumidade ou a liberdade do Presidente da República;

j) o homicídio cometido por motivo fútil ou com extremos de perversidade.

A Constituição dos Estados Unidos do Brasil, de 18 de setembro de 1946, também silenciou quanto à proibição expressa da tortura, dizendo, no entanto, em seu art. 141, § 31:

> § 31 – Não haverá pena de morte, de banimento, de confisco nem de caráter perpétuo. São ressalvadas, quanto à pena de morte, as disposições da legislação militar em tempo de guerra com país estrangeiro. A lei disporá sobre o sequestro e o perdimento de bens, no caso de enriquecimento ilícito, por influência ou com abuso de cargo ou função pública, ou de emprego em entidade autárquica,

A Constituição da República Federativa do Brasil, promulgada em 24 de janeiro de 1967, durante o regime militar, no § 11 do art. 150, reiterou a proibição da pena de morte, dizendo:

> § 11 – Não haverá pena de morte, de prisão perpétua, de banimento, ou confisco, salvo nos casos de guerra externa psicológica adversa, ou revolucionária ou subversiva nos termos que a lei determinar. Esta disporá também, sobre o perdimento de bens por danos causados ao Erário, ou no caso de enriquecimento ilícito no exercício de cargo, função ou emprego na Administração Pública, Direta ou Indireta

Por mais paradoxal que pudesse parecer, em pleno auge do regime de força, fez constar, expressamente, no § 14 do citado art. 150 que:

> § 14 – Impõe-se a todas as autoridades o respeito à integridade física e moral do detento e do presidiário.

O referido dispositivo constitucional era, basicamente, letra morta, pois, naquela época, o Brasil vivia um momento de total abuso por parte dos agentes da repressão política, que praticavam as maiores e covardes atrocidades.

Com a Emenda Constitucional nº 1, de 17 de outubro de 1969, as previsões citadas anteriormente passaram a figurar, com a mesma redação, no art. 153, §§ 11 e 14.

Em 5 de outubro de 1988, foi promulgada aquela que ficou conhecida como sendo a "Constituição Cidadã", ou seja, aquela que havia surgido após um longo período de ditadura militar que, logo em seu preâmbulo, já demonstrava a que tinha vindo, dizendo:

> Nós, representantes do povo brasileiro, reunidos em Assembleia Nacional Constituinte para instituir um Estado Democrático, destinado a assegurar o exercício dos direitos sociais e individuais, a liberdade, a segurança, o bem-estar, o desenvolvimento, a igualdade e a justiça como valores supremos de uma sociedade fraterna, pluralista e sem preconceitos, fundada na harmonia social e comprometida, na ordem interna e internacional, com a solução pacífica das controvérsias, promulgamos, sob a proteção de Deus, a seguinte CONSTITUIÇÃO DA REPÚBLICA FEDERATIVA DO BRASIL.

Após, no inc. III do seu art. 1º, afirmar que a dignidade da pessoa humana constituiu um dos fundamentos do Estado Democrático de Direito, no art. 5º, em várias passagens, frisou a impossibilidade da prática da tortura ou de comportamentos atentatórios à dignidade do ser humano, conforme se verifica pela leitura dos incisos abaixo transcritos:

> III – ninguém será submetido a tortura nem a tratamento desumano ou degradante;
>
> XLIII – a lei considerará crimes inafiançáveis e insuscetíveis de graça ou anistia a prática da tortura, o tráfico ilícito de entorpecentes e drogas afins, o terrorismo e os definidos como crimes hediondos, por eles respondendo os mandantes, os executores e os que, podendo evitá-los, se omitirem;
>
> XLVII – não haverá penas:
>
> a) de morte, salvo em caso de guerra declarada, nos termos do art. 84, XIX;
>
> b) de caráter perpétuo;

TORTURA   CAPÍTULO 1

c) de trabalhos forçados;

d) de banimento;

e) cruéis;

Com essa previsão no texto constitucional, no Brasil, encontra-se absolutamente vedado o uso da tortura, não existindo qualquer tipo de justificativa que venha a ampará-la, independentemente da situação fática que se apresente. Não se tolera, portanto, o uso da tortura.

Embora houvesse a previsão constitucional da proibição do uso da tortura, não havia, ainda, até aquele momento, qualquer tipo incriminador que narrasse, especificamente, o comportamento que se queria proibir. Não tínhamos, portanto, qualquer tipo que descrevesse as condutas passíveis de serem reconhecidas como tortura, com a consequente cominação de penas.

O Estatuto da Criança e do Adolesceste (Lei nº 8.069, de 13 de julho de 1990), embora não definindo o conceito de tortura, fez previsão, em seu art. 233, do seguinte comportamento criminoso:

> **Art. 233.** Submeter criança ou adolescente sob sua autoridade, guarda ou vigilância a tortura:
>
> Pena – reclusão de um a cinco anos.
>
> §1º Se resultar lesão corporal grave:
>
> Pena – reclusão de dois a oito anos.
>
> §2º Se resultar lesão corporal gravíssima:
>
> Pena – reclusão de quatro a doze anos.
>
> §3º Se resultar morte:
>
> Pena – reclusão de quinze a trinta anos.

O Brasil, ao tipificar o crime de tortura contra crianças ou adolescentes, revelou-se fiel aos compromissos que assumiu na ordem internacional, especialmente àqueles decorrentes da Convenção de Nova York sobre os Direitos da Criança (1990), da Convenção contra a Tortura adotada pela Assembleia Geral da ONU (1984), da Convenção Interamericana contra a Tortura concluída em Cartagena (1985) e da Convenção Americana sobre Direitos Humanos (Pacto de São José da Costa Rica), formulada no âmbito da OEA (1969). Mais do que isso, o legislador brasileiro, ao conferir

33

> expressão típica a essa modalidade de infração delituosa, deu aplicação efetiva ao texto da Constituição Federal que impõe ao Poder Público a obrigação de proteger os menores contra toda a forma de violência, crueldade e opressão (art. 227, *caput*, *in fine*). (STF, HC 70.389/SP, Rel. Min. Celso de Mello, Tribunal Pleno, Ement. v. 2038/02, p. 186).

Em 7 de abril de 1997, foi publicada a Lei nº 9.455 que, além de outras providências, a exemplo da revogação do art. 233 acima referido, definiu os crimes de tortura, dizendo, em seu art. 1º:

> **Art. 1º** Constitui crime de tortura:
>
> I – constranger alguém com emprego de violência ou grave ameaça, causando-lhe sofrimento físico ou mental:
>
> a) com o fim de obter informação, declaração ou confissão da vítima ou de terceira pessoa;
>
> b) para provocar ação ou omissão de natureza criminosa;
>
> c) em razão de discriminação racial ou religiosa;
>
> II – submeter alguém, sob sua guarda, poder ou autoridade, com emprego de violência ou grave ameaça, a intenso sofrimento físico ou mental, como forma de aplicar castigo pessoal ou medida de caráter preventivo.
>
> Pena – reclusão, de dois a oito anos.
>
> § 1º Na mesma pena incorre quem submete pessoa presa ou sujeita a medida de segurança a sofrimento físico ou mental, por intermédio da prática de ato não previsto em lei ou não resultante de medida legal.
>
> § 2º Aquele que se omite em face dessas condutas, quando tinha o dever de evitá-las ou apurá-las, incorre na pena de detenção de um a quatro anos.
>
> § 3º Se resulta lesão corporal de natureza grave ou gravíssima, a pena é de reclusão de quatro a dez anos; se resulta morte, a reclusão é de oito a dezesseis anos.

Hoje, portanto, existe legislação específica sobre o tema, e que será vista mais detalhadamente a seguir.

A Lei nº 12.847, de 2 de agosto de 2013, a seu turno, instituiu o Sistema Nacional de Prevenção e Combate à Tortura, criou o Comitê Nacional de Prevenção e Combate à Tortura e o Mecanismo Nacional de Prevenção e Combate à Tortura, além de adotar outras providências.

8. CRIME DE TORTURA

Como vimos anteriormente, a Lei nº 9.455, de 7 de abril de 1997, tipificou o crime de tortura em seu art. 1º.

O *bem juridicamente protegido* pelos tipos penais que preveem o crime de tortura é, de maneira precípua, a dignidade da pessoa humana. Conforme as precisas lições de Mário Coimbra, não resta dúvida que:

> "O bem protegido, nos tipos em exame, é a dignidade humana, que constitui indubitavelmente 'um dos pilares básicos, se não o principal, da promoção dos direitos humanos'.
>
> Embora na criminalização da tortura se tutelem outros valores, como a integridade física e mental do indivíduo e, até mesmo, a sua própria vida, verifica-se que os aludidos valores estão contidos no próprio conteúdo de dignidade humana. Não se pode olvidar que, para o bem jurídico poder cumprir sua função sistemática, é necessário, quando possível, pinçar-se, dentre os valores protegidos, aquele proeminente, que, no caso, é a dignidade humana"[18].

No que diz respeito à classificação doutrinária do crime de tortura, tipificado no inc. I, alíneas *a, b* e *c*, do art. 1º da Lei nº 9.455/97, existe controvérsia doutrinária sobre o tema. A doutrina se divide, parte dela entendendo tratar-se as referidas hipóteses de tortura de um crime comum, não se exigindo, consequentemente, qualquer qualidade especial do sujeito ativo, sendo que a segunda corrente defende a posição de que o crime de tortura encontra-se no rol dos crimes próprios, exigindo-se, portanto, que o sujeito ativo seja um servidor público que, em razão de suas funções, abusa de seu poder.

Em defesa da primeira posição, esclarece Flávia Camello Teixeira:

---

18 COIMBRA, Mário. *Tratamento do injusto penal da tortura*, p. 166.

"O sujeito ativo, seja particular ou funcionário público, age direcionado a obter informação, declaração ou confissão da vítima ou de terceiro. Se especial fosse, essa informação haveria de versar sobre dados acerca da autoria e/ou materialidade de algum ilícito penal ou sobre determinado ilícito administrativo cometido em estabelecimento prisional. A declaração representaria tal informação na forma escrita e a confissão seria o reconhecimento da autoria de algum ilícito pela vítima da tortura. Não sendo, porém, crime próprio, essa informação, declaração ou confissão pode versar sobre qualquer fato – acerca de um crime cometido ou para se conseguir uma simples confissão de dívida"[19].

No mesmo sentido, adverte, com precisão, Sheila Bierrenbach:

"A Lei assim concebida, tipificando crimes que podem ser praticados por qualquer pessoa, melhor se ajusta à nossa realidade, bem diversa da realidade dos países centrais, dos quais já importamos a Doutrina penal. Descabe, entretanto, que pretendamos, também, importar a legislação.

O compromisso por nós assumido, quando da acolhida dos tratados internacionais, foi o de criminalizar a tortura. Se o legislador brasileiro houve por bem entender a tipificação, admitindo como sujeito passivo alguém não investido do Poder Público nem cumprindo mandado do mesmo poder, tal opção diz respeito à nossa realidade, não havendo qualquer afronta aos mencionados tratados"[20].

> A tortura, tipificada pela Lei 9.455/97, é considerada crime comum, mesmo quando praticada por militar, tendo por efeito necessário e automático da condenação a perda do cargo, função ou emprego público a que o agente estiver investido (STF, ARE 1.105.783 AgR/RN, Rel. Min. Roberto Barroso, 1ª T., DJe 12/06/2018).
>
> Nos termos do art. 1º, I, "a", da Lei nº 9.455/97, da jurisprudência e da doutrina, a tortura é classificada como crime comum (STJ, AgRg

---

19 CAMELLO TEIXEIRA, Flávia. *Da tortura*, p. 126.
20 BIERRENBACH, Sheila. *Comentários à lei de tortura*, p. 40.

> no REsp 1.291.631/MG, Rel. Min. Leopoldo de Arruda Raposo – Desembargador convocado do TJ-PE, DJe 13/10/2015).
>
> O art. 1º da Lei nº 9.455/97, ao tipificar o crime de tortura como crime comum, não ofendeu o que já determinava o art. 1º da Convenção da ONU Contra a Tortura e Outros Tratamentos ou Penas Cruéis, Desumanos ou Degradantes, de 1984, em face da própria ressalva contida no texto ratificado pelo Brasil (STJ, REsp 1.299.787/PR, Rel.ª Min.ª Laurita Vaz, 5ª T., DJe 03/02/2014).

Em sentido contrário, aduz Mário Coimbra que:

> "Não se pode olvidar que a tortura, no seu sentido formal, sempre expressou a prática de atos denotativos de abuso de poder, quer de autoridade, quer de agentes públicos; e a sua incriminação representou uma conquista dos cidadãos na defesa da dignidade humana, não só perante o poder estatal mas também diante do despotismo em países não democráticos ou de frágil democracia.
>
> Assim não se pode confundir a tortura no seu sentido semântico, que foi enfocado pelas Convenções de 1984 e 1985 e pela ampla maioria das legislações penais do mundo ocidental, com o seu sentido vulgar.
>
> Acrescente-se que, de fato, não é incomum, particular, infligir-se sofrimentos físicos ou mentais a outrem, com o propósito de obter-se confissão ou informação relevante, atinente à vida privada, ou, até mesmo, por mero castigo ou intimidação. No entanto, tal comportamento delituoso deve-se amoldar a um dos tipos penais comuns, previstos pela legislação penal, figurando apenas como agravante ou qualificadora, como já ocorre com o nosso Código Penal, nos arts. 61, inciso II, *d*, e 121, § 2º, III"[21].

Com a devida vênia das posições em contrário, entendemos a tortura como um crime comum, podendo ser praticado por qualquer pessoa, tendo em vista que a exigência de um sujeito ativo especial não se encontra expressa, ou mesmo implícita, nos tipos penais incriminadores previstos pela Lei nº 9.455/97. Em reforço a essa posição, trazemos à colação o

---

21 COIMBRA, Mário. *Tratamento do injusto penal da tortura*, p. 168

inc. I do § 4º do art. 1º da referida lei, que diz que a pena aumenta-se de um sexto até um terço, se o crime é cometido por agente público. Fosse essa qualidade essencial à caracterização do crime de tortura, a causa especial de aumento de pena jamais poderia ser aplicada, sob pena de incorrermos no chamado *bin in idem.* Dessa forma, somente incidira a referida majorante se o delito for praticado por funcionário público, pois que essa qualidade não é essencial ao reconhecimento da figura típica.

O conceito de tortura, tomado a partir dos instrumentos de direito internacional, tem um viés estatal, implicando que o crime só poderia ser praticado por agente estatal (funcionário público) ou por um particular no exercício de função pública, consubstanciando, assim, crime próprio. O legislador pátrio, ao tratar do tema na Lei nº 9.455/97, foi além da concepção estabelecida nos instrumentos internacionais, na medida em que, ao menos no art. 1º, I, ampliou o conceito de tortura para além da violência perpetrada por servidor público ou por particular que lhe faça as vezes, dando ao tipo o tratamento de crime comum. A adoção de uma concepção mais ampla do tipo, tal como estabelecida na Lei nº 9.455/97, encontra guarida na Convenção contra a Tortura e outros Tratamentos ou Penas Cruéis, Desumanos ou Degradantes, que ao tratar do conceito de tortura estabeleceu –, em seu art. 1º, II –, que: o presente artigo não será interpretado de maneira a restringir qualquer instrumento internacional ou legislação nacional que contenha ou possa conter dispositivos de alcance mais amplo; não há, pois, antinomia entre a concepção adotada no art. 1º, I, da Lei nº 9.455/97 – tortura como crime comum – e aquela estatuída a partir do instrumento internacional referenciado (STJ, REsp 1.738.264/DF, Rel. Min. Sebastião Reis Junior, 6ª T., DJe 14/09/2018).

Afasta-se, desde logo, a frágil alegação de que o crime de tortura não pode ser cometido por particular, pois a lei que define o crime de tortura exige apenas que o agente tenha a vítima sob sua guarda, poder ou autoridade, não especificando que o poder tenha de ser estatal. Ademais, o fato de o agente ser funcionário público é tratado como mais uma causa de aumento de pena. Inexistem dúvidas de que a ré, maldosamente, queimou as mãos do menor, causando ao menor intenso sofrimento como forma de castigá-lo. Longe da ré qualquer propósito correcional, sendo certo que dos fatos descritos na denúncia, comprovados segundo os elementos carreados aos autos, a ré agiu com extrema maldade, causando intenso sofrimento físico à vítima, sendo tal agir desproporcional a qualquer ideal

> que visasse exercer o direito de correcional. Transformar essa atrocidade em crime culposo não passa de desespero defensivo, que não merece sequer maiores explicações. Como a vítima contava com apenas cinco anos de idade, é incontornável a incidência da causa de aumento, já que se tratava apenas de uma criança. A conduta da ré é, e fato, desqualificada, como disse o próprio recurso defensivo, mas não comporta as desclassificações requeridas, uma vez que se justapõe, como acima demonstrado, ao crime de tortura-castigo (TJ-RJ, AC 0009675-42.2013.8.19.0061, Rel. Des. Paulo Rangel, DJe 29/09/2015).

Não somente o ser humano é o *sujeito passivo* do crime de tortura, como também o Estado, pois que sofre quando suas leis são violadas. Importante frisar que no inc. II do art. 1º da Lei nº 9.455/97, somente poderá figurar como sujeito passivo aquele que estiver sob a guarda, poder ou autoridade de outra pessoa., nesta hipótese, como veremos, é que o crime de tortura deverá ser considerado como próprio, exigindo-se uma qualidade especial do sujeito ativo.

Objeto material do delito de tortura é pessoa sobre a qual recaem os comportamentos previstos no tipo penal *sub examen*.

Todas as modalidades de tortura são dolosas, não havendo previsão, portanto, para a tortura de natureza culposa.

Faremos, a seguir, a análise de cada um dos comportamentos narrados no tipo constante do art. 1º da Lei nº 9.455/97, isoladamente.

I – constranger alguém com emprego de violência ou grave ameaça, causando-lhe sofrimento físico ou mental:

O núcleo do tipo é o verbo *constranger*, que tem o sentido de forçar, obrigar, coagir. Esse constrangimento pode ocorrer de duas formas, vale dizer, ou o agente atua mediante o emprego de violência (*vis absoluta*, ou violência física) ou grave ameaça (*vis compulsiva*, ou violência moral).

A violência mencionada pelo tipo penal é aquela de natureza física, e pode ser, ainda, direta (imediata) ou indireta (mediata). *Direta* quando for dirigida contra o próprio corpo do torturado, a exemplo daquele que o espanca com pedaço de pau, o queima com a brasa de um cigarro, simula afogamento etc. *Indireta* é a violência praticada contra alguém que com ele possui alguma relação de proximidade, tenha ou não relação de parentesco, a exemplo daquele que causa mal físico ao filho de quem se procura obter a confissão ou informação sobre determinado fato.

Pode, ainda, ser a violência considerada como *própria*, como ocorre com as agressões físicas levadas a efeito no corpo da vítima, ou *imprópria*, quando o agente faz com que a vítima se utilize de alguma substância, como drogas, álcool, soro da verdade etc.).

A grave ameaça, prevista pelo tipo penal em estudo, difere do crime de ameaça previsto no art. 147 do Código Penal. Aqui, a promessa de cumprimento do mal, embora deva ser grave, pode ser quase que imediata, ou seja, o agente pode ameaçar a vítima, dizendo-lhe que, por exemplo, caso não confesse, ou dê a informação exigida, sofrerá fisicamente a tortura, mostrando-lhe os instrumentos que serão utilizados para rasgar seu corpo.

Esse constrangimento deve causar na vítima um sofrimento físico ou mental. Conforme as lições de Sheila Bierrenbach , deve ser registrada a:

> "Dificuldade que envolve a aferição do sofrimento de outrem, principalmente o mental. Cuida-se de conceito altamente nebuloso, que não confere ao tipo a necessária clareza, submetendo o perigo ao princípio da legalidade.
>
> (...)
>
> Para interpretar sofrimento mental, a Doutrina tem-se valido de decisões da Comissão Europeia de Direitos Humanos, que, quando do julgamento do chamado 'Caso Grego', conceituou tortura mental como 'infligir sofrimento mental através da criação de um estado de angústia e *stress* por outros meios que não a agressão física.
>
> Na verdade é extremamente difícil distinguir o sofrimento físico e o mental decorrentes da tortura, na medida em que ambos se encontram intimamente entrelaçados"[22].

Diversamente do previsto no tipo do inc. II do art. 1º da Lei nº 9.455/97, definido pela doutrina como tortura-pena ou tortura-castigo, a qual requer intenso sofrimento físico ou mental, a tortura-prova, do inciso I, alínea a, não traz o tormento como requisito do sofrimento causado à vítima. Basta que a conduta haja sido

22 BIERRENBACH, Sheila. *Comentários à lei de tortura*, p. 47/48.

praticada com o fim de obter informação, declaração ou confissão da vítima ou de terceira pessoa e que haja causado sofrimento físico ou mental, independentemente de sua gravidade ou sua intensidade. Na hipótese dos autos, as instâncias de origem reconheceram que a atuação dos policiais causou sofrimento físico e mental às vítimas e se deu com a finalidade de obter a confissão do local onde estavam os objetos furtados e a arma do crime. Assim, por ser o delito de tortura especial em relação ao crime de lesão corporal, previsto no art. 129 do CP, a conduta praticada pelos recorridos amolda-se ao tipo previsto no art. 1º, I, a, da Lei nº 9.455/97 (STJ, REsp 1.580.470/PA, Rel. Min. Rogério Schietti Cruz, 6ª T., DJe 03/09/2018).

O crime previsto no art. 1º, inc. I, letra *a*, da Lei nº 9.455/97 pressupõe o suplício físico ou mental da vítima, não se podendo olvidar que a tortura psicológica não deixa vestígios, não podendo, consequentemente, ser comprovada por meio de laudo pericial, motivo pelo qual a materialidade delitiva depende da análise de todo o conjunto fático-probatório constante dos autos, principalmente do depoimento da vítima e de eventuais testemunhas. Precedentes (STJ, HC 214.770/DF, Rel. Min. Jorge Mussi, 5ª T., DJe 19/12/2011).

A tortura deve ser entendida como todo ato que impõe, intencionalmente, a uma pessoa, penas ou sofrimentos físicos ou mentais, com fins de investigação criminal, como meio de intimidação, como castigo pessoal, como medida preventiva, como pena ou qualquer outro fim (TJ-MG, AC 1.0394.11.000136-6/001, Rel. Des. Cássio Salomé, DJe 29/06/2012).

Para que se configure o delito de tortura previsto no inc. I do art. 1º do diploma legal em estudo, é preciso que a conduta seja dirigida finalisticamente à obtenção de informação, declaração ou confissão da vítima ou de terceira pessoa; a provocar ação ou omissão de natureza criminosa; ou tenha sido levada a efeito em razão de discriminação racial ou religiosa, conforme as alíneas nele elencadas.

Presentificado o especial fim de agir. Vítima asseverou que foram indagados acerca do motivo pelo qual estariam naquela localidade e que tentaram se explicar. A plausibilidade da tese acusatória se confirma. O especial fim de agir descrito na norma como "obter informação, declaração ou confissão" resta evidenciado pela obstinação dos acusados em questionar as vítimas acerca de sua permanência naquele local que se julgavam donos (TJ-RJ, AC

0337338-73.2013.8.19.0001, Rel.ª Des.ª Maria Angelica Guedes, DJe 15/12/2015).

A tortura tem o especial fim de causar sofrimento por mero prazer do mal, motivado pelos mais baixos sentimentos que movem a alma humana, como restou retratado nestes autos. Aqui, a apelante, tendo a vítima sob sua guarda em razão de contrato de trabalho, extrapolou os limites de simples maus-tratos ao erguer a idosa da cadeira de rodas pelos cabelos, sacudir com raiva a cabeça da vítima agarrada aos seus cabelos e ainda agredi-la impiedosamente com violentos tapas nas pernas, tudo isso em ações reiteradas, durante o período em que exerceu a atividade de cuidadora – cerca de sete anos. O que demonstrou possuir nada mais foi do que uma vontade férrea de impor intensos sofrimentos físicos e morais à vítima, que além de idosa, necessitava de cuidados especiais por ser portadora de deficiência para se locomover. Como se verifica são fatos extremamente graves, demonstradores de perversão e covardia, onde grande dose de maldade restou explicitada para o fim de provocar intenso sofrimento físico e mental. Dessa forma, o delito de tortura foi corretamente reconhecido na espécie (TJ-RJ, AC 0005158-84.2014.8.19.0052, Rel. Des. Gilmar Augusto Teixeira, DJe 23/09/2015).

Sem que o comportamento tenha sido praticado motivado por uma dessas finalidade, o fato deixará de se configurar como delito de tortura, podendo se receber outra classificação, a exemplo do delito de lesões corporais, constrangimento ilegal etc.

Todos os comportamentos são, portanto, dolosos, não havendo previsão para a tortura da modalidade culposa.

Faremos, destacadamente, o estudo de cada uma das finalidades elencadas pelas alíneas do inc. I do art. 1º da Lei de Tortura.

a) *com o fim de obter informação, declaração ou confissão da vítima ou de terceira pessoa;*

A alínea *a* do inc. I do art. 1º da Lei nº 9.455/97 prevê as formas denominadas doutrinariamente como *tortura inquisitorial*, tortura *policial*, *tortura persecutória*, tortura *institucional*, tortura *política*, e, ainda, tortura *probatória*.

Por *informação*, podemos entender pelo fornecimento de qualquer tipo de dados, de esclarecimento exigido pelo agente. Assim, por exemplo, pode uma autoridade policial, mediante o emprego de violência, causando sofrimento físico, exigir que a vítima forneça o endereço onde está armazenada uma determinada quantidade de droga, ou, ainda, um traficante de drogas por exigir que a vítima, que pertencia a uma facção criminosa rival, informe a quantidade de pessoas ou mesmo de armas do seu grupo criminoso, uma vez que o agente pretendia levar a efeito uma ofensiva, a fim de tomar os pontos de venda em uma determinada comunidade.

A *declaração*, ao contrário, nos induz a entender pela formalização das palavras da vítima, por escrito, a fim de serem utilizadas , de alguma forma, pelo agente. Assim, v.g., a vítima é obrigada a declarar, quando ouvida pela autoridade policial, o nome de alguém que, supostamente, havia causado a morte de outra pessoa, ou que era apontado como o chefe de uma organização criminosa, acusado de praticar crimes contra a Administração Pública etc.

Confissão tem o sentido de atribuir, a si mesmo, a responsabilidade por determinado fato. Pode o agente, por exemplo, espancar a vítima com a finalidade de que ela confesse que havia sido uma das autoras de um crime de extorsão mediante sequestro, que resultou na morte da pessoa sequestrada, ou mesmo que confesse que havia tido um relacionamento sexual com a ex-mulher de um perigoso traficante, que não tolerava essa situação.

Tratando-se de um crime formal, o delito se consuma com a prática do constrangimento, levado a efeito mediante o emprego de violência ou grave ameaça, que veio a causar sofrimento físico ou mental na vítima. Dessa, forma, para efeitos de consumação da tortura prevista na alínea *a* do inc. I do art. 1º da Lei nº 9.455/97, não há necessidade de que o agente tenha obtido, efetivamente, a informação, declaração ou confissão da vítima ou de terceira pessoa.

Em se tratando, ainda, de um delito plurissubsistente, onde existe a possibilidade de fracionamento do *iter criminis*, será perfeitamente possível o raciocínio correspondente à tentativa.

> No mérito, o elemento subjetivo do tipo previsto no art. 1º, I, "a" da Lei de Tortura encontra-se perfeitamente delineado nos autos, motivo pelo qual descabe o pleito de absolvição e de desclassificação. A prova produzida nos autos não deixou dúvida quanto à autoria e

a materialidade de ambos os acusados. De fato, restou provado que os acusados torturam as vítimas Carlos, Josué e Genilson, mediante violência física e, ainda, ameaçando mediante o emprego de arma de fogo, para que os mesmos assumissem a culpa e arcassem com o prejuízo de um acidente provocado por um cavalo que invadiu a pista e abalroou o veículo daqueles. Comprovada também a causa de aumento do § 4º, inc. III, do art. 1º da Lei nº 9.455/97, pois os fatos se deram em local ermo e com privação da liberdade das vítimas, as quais foram submetidas a agressões e permaneceram em poder dos réus das 20h às 00:30 horas, sendo liberadas apenas com a chegada do pai de Genilson, o qual se comprometeu a pagar integralmente o conserto do veículo. Não há que se falar em necessidade de exame de corpo de delito, quando sua omissão se justifica e é razoável pelo temor sentido pelas vítimas diante das ameaças sofridas, podendo, nesses casos, ser a prova pericial substituída pela testemunhal, de acordo com os arts. 158 e 167, ambos do CPP, como o foi no presente caso. Também não se enquadra no tipo do exercício das próprias razões, eis que o motivo pelo qual praticaram a violência física e moral não era legítimo. O Supremo Tribunal Federal assentou que "o delito tipificado no art. 345 do Código Penal (exercício arbitrário das próprias razões) exige, para a sua configuração, que o sujeito seja titular de uma pretensão legítima" (STF, Ac. 2ª T., HC 82.476/SP, Rel. Min. Carlos Velloso, julg. em 03/06/2003). Ora, não há como se considerar legítima, ou supor legítima, o emprego de violência e de grave ameaça, para obtenção de confissão de propriedade de um cavalo, para ressarcimento de prejuízo decorrente de colisão com veículo. Portanto, correto o Juízo de reprovação (TJ-RJ, AC 0001029-66.2010.8.19.0055, Rel.ª Des.ª Mônica Tolledo de Oliveira, DJe 18/08/2015).

b) para provocar ação ou omissão de natureza criminosa;

Inicialmente, deve ser esclarecido o que se entende por *natureza criminosa*. Estaria a lei limitando a tortura quando o comportamento do agente viesse a fazer com que a vítima praticasse um crime (ou delito), ou também poderia ser dirigida ao cometimento de uma contravenção penal?

Duas correntes se formaram. A primeira delas, esposada por Mário Coimbra, entende que:

> "A expressão *natureza criminosa* alcança, também, a contravenção que, apesar de não ser crime na acepção

técnico-jurídica, se reveste de natureza criminosa. Aliás, a contravenção é considerada pela doutrina como *crime-anão*, já que a diferença entre esta e o crime é apenas quantitativa. Assim, não havendo 'diferença ontológica entre crime e contravenção, ambos têm a mesma natureza'"[23].

Em sentido contrário, a nosso ver corretamente, assevera Cláudia Barros Portocarrero que:

> "Se a vítima for obrigada a realizar conduta tipificada como ato meramente contravencional, não restará caracterizado o delito em estudo, na medida em que o dispositivo se refere a crime, sendo vedada a analogia *in malam partem*. O constrangimento à prática de contravenção penal caracterizará, assim, crime de constrangimento ilegal, sem prejuízo da autoria mediata pela prática contravencional"[24].

Assim, de acordo com a posição por nós assumida, para que reste caracterizado o crime de tortura, previsto na alínea *b* do inc. I do art. 1º da Lei nº 9.455/97, há necessidade de que a conduta do agente, ou seja, o constrangimento levado a efeito mediante violência ou grave ameaça, causando-lhe sofrimento físico ou mental, seja dirigida no sentido de provocar na vítima ação ou omissão que se configura em um *crime*.

Provocar ação ou omissão de natureza criminosa quer significar que o agente faz com que a vítima pratique uma conduta, comissiva ou omissiva, que se configure em crime. Há, portanto, uma coação moral de natureza irresistível, prevista na primeira parte do art. 22 do Código Penal. Assim, imagine-se a hipótese em que o agente, mediante o emprego de violência, obrigue a vítima a matar um traficante rival, ou mesmo a causar a morte de uma testemunha que havia presenciado o momento em que o agente/torturador havia recebido uma importância proveniente da prática de corrupção.

Nesse caso, conforme o disposto no citado art. 22, somente será punível o autor da coação, devendo o agente/torturador responder pelos delitos de tortura e homicídio, em concurso material, conforme o disposto no art. 69 do diploma repressivo.

---

23 COIMBRA, Mário. *Tratamento do injusto penal da tortura*, p. 182/183.
24 PORTOCARRERO, Cláudia Barros. Lei penais especiais comentadas para concursos, p. 227.

A vítima, que causou a morte de terceira pessoa, será beneficiada com a causa de exclusão da culpabilidade correspondente à inexigibilidade de conduta diversa, prevista no art. 22 do Código Penal.

De acordo com as precisas lições de Rogério Sanches Cunha:

> "O crime em comento se consuma com o constrangimento da vítima, desde que ocorra o sofrimento físico ou mental, conhecida a vontade do agente, sem que seja necessário que o torturado pratique a ação ou omissão criminosa"[25].

Tal como ocorre com a hipótese prevista na alínea *a*, tratando de um crime plurissubsistente, em que é possível visualizar o fracionamento do *iter criminis*, será possível o reconhecimento da tentativa.

c) em razão de discriminação racial ou religiosa;

Também se configurará no delito de tortura quando o constrangimento, levado a efeito mediante violência ou grave ameaça, causando sofrimento físico ou mental à vítima, for motivado por razões de discriminação racial ou religiosa. É a chamada tortura discriminatória.

Raça humana. Subdivisão. Inexistência. Com a definição e o mapeamento do genoma humano, cientificamente não existem distinções entre os homens, seja pela segmentação da pele, formato dos olhos, altura, pelos ou por quaisquer outras características físicas, visto que todos se qualificam como espécie humana. Não há diferenças biológicas entre os seres humanos. Na essência são todos iguais. Raça e racismo. A divisão dos seres humanos em raças resulta de um processo de conteúdo meramente político-social. Desse pressuposto origina-se o racismo que, por sua vez, gera a discriminação e o preconceito segregacionista. Fundamento do núcleo do pensamento do nacional-socialismo de que os judeus e os arianos formam raças distintas. Os primeiros seriam raça inferior, nefasta e infecta, características suficientes para justificar a segregação e o extermínio: inconciliabilidade com os padrões éticos e morais definidos na Carta Política do Brasil e do mundo contemporâneo, sob os quais se ergue e se harmoniza o estado democrático. Estigmas que por si só evidenciam crime de racismo. Concepção atentatória dos princípios nos quais se erige e se organiza a sociedade humana,

---

25 CUNHA, Rogério Sanches; e outros. *Legislação criminal especial*, p. 1056.

> baseada na respeitabilidade e dignidade do ser humano e de sua pacífica convivência no meio social. Condutas e evocações aéticas e imorais que implicam repulsiva ação estatal por se revestirem de densa intolerabilidade, de sorte a afrontar o ordenamento infraconstitucional e constitucional do País (STF, HC 82.424/RS, Rel. Min. Maurício Correa, Pleno, DJ 19/03/2004).

À primeira vista, poderíamos pensar, equivocadamente, haver o chamado conflito aparente de normas, entre a alínea *c* do inc. I do art. 1º da Lei nº 9.455/97, com alguns dos tipos penais existentes na Lei nº 7.716, de 5 de janeiro de 1989, conforme redação constante de seu art. 1º, dada pela Lei nº 9.459, de 15 de maio de 1997, que diz:

> **Art. 1º** Serão punidos, na forma desta Lei, os crimes resultantes de discriminação ou preconceito de raça, cor, etnia, religião ou procedência nacional.

Merece ser frisado, no entanto, que nenhum dos tipos elencado na lei que dispõe sobre os crimes resultantes de discriminação ou preconceito de raça, cor, etnia, religião ou procedência nacional é praticado através de um constrangimento que envolva violência ou grave ameaça.

Portanto, não há falar sequer em conflito aparente, pois, quando houver o mencionado constrangimento, com a finalidade de causar sofrimento físico ou mental, terá aplicação a Lei de Tortura, cujas penas são mais severas do que aquelas cominadas para os tipos previstos na Lei nº 7.716/89.

A primeira parte da alínea *c* do inc. I do art. 1º da Lei nº 9.455/97 prevê a chamada *tortura racial*, ou seja, aquela praticada por razões de discriminação racial. Assim, a primeira pergunta que nos devemos fazer diz respeito ao significado de *raça*. O que é raça? Existem várias definições antropológicas do que venha a ser raça.

Como esclarecem Marina de Andrade Marconi e Zélia Maria Neves Presotto:

> "O estudo das raças é um dos campos da Antropologia Física, e vem preocupando os estudiosos desde o século XVIII. A despeito dos esforços realizados pelos cientistas, ainda não se chegou a um consenso sobre o que seja raça, em virtude da:
>
> a. relatividade do tempo;

b. extrema diversidade das características físicas;

c. distribuição espacial do homem[26].

Embora de difícil conceituação, para efeitos de aplicação da lei, utilizaremos a declaração de raças da Unesco, de 18 de julho de 1950, nos itens 4, 5, 6 7 e 8, que dizem:

4 – Em resumo, a palavra 'raça' designa um grupo ou uma população caracterizada por certas concentrações, relativas quanto à frequência e à distribuição, de gens ou de caracteres físicos que, no decorrer dos tempos, aparecem, variam e muitas vezes até desaparecem sob a influência de fatores de isolamento geográficos ou culturais. Cada grupo reflete de modo diferente as manifestações variáveis desses caracteres em populações diferentes. Sendo as nossas observações largamente afetadas pelos nossos preconceitos, somos levados a interpretar arbitrária e inexatamente toda variabilidade que se produz num grupo dado como uma diferença fundamental que o separa dos outros de modo decisivo.

5 – São esses os fatos científicos. Infelizmente, na maioria dos casos, o termo 'raça' não se emprega no sentido aqui definido. Muita gente chama 'raça' todo grupo humano arbitrariamente designado como tal. É assim que muitas coletividades nacionais, religiosas, geográficas ou culturais, devido à acepção muito elástica dada à palavra, foram qualificadas como 'raças', quando é evidente que os norte-americanos não constituem uma raça, como também não a constituem os ingleses, os franceses ou qualquer outra nação da mesma maneira, nem os católicos, nem os protestantes, nem os muçulmanos, nem os judeus representam raças; não se podem definir como grupos 'raciais' os povos que falam inglês ou qualquer outra língua; os habitantes da Islândia, da Inglaterra ou da Índia não formam uma raça; e não se poderia admitir como membro de uma raça particular os indivíduos que participam da cultura turca, chinesa ou qualquer outra.

---

26 MARCONI, Marina de Andrade; PRESOTTO, Zelia Maria. *Antropologia* – uma introdução, p. 85.

6 – Os grupos nacionais, religiosos, geográficos, linguísticos ou culturais não coincidem necessariamente com os grupos raciais, e os aspectos culturais desses grupos não têm nenhuma relação genética demonstrável com os caracteres próprios à raça. Os graves erros ocasionados pelo emprego da palavra 'raça' na linguagem corrente tornam desejável que se renuncie completamente a esse termo quando se tratar da espécie humana e que se adote a expressão de 'grupo étnico'.

7 – Qual é a opinião dos sábios a respeito dos grandes grupos da espécie humana que se reconhecem na atualidade? As raças humanas foram classificadas – e ainda o são – diferentemente conforme os antropólogos, mas, no momento, a maioria dentre eles está de acordo em dividir a maior parte da espécie humana em três grandes grupos, a saber:

O grupo mongoloide;

O grupo negroide;

O grupo caucasoide.

Ora, os fenômenos biológicos que foram de certo modo cristalizados nessa classificação têm um caráter dinâmico e não estático. Esses grupos nem sempre foram o que hoje são e é de supor que serão diferentes no futuro.

8 – Têm-se feito esforços para introduzir subgrupos nessa classificação. O acordo está longe de reinar quanto ao número das subdivisões e, de qualquer maneira, a maioria dentre elas ainda não foi estudada nem descrita".

Da mesma forma, configurará o delito de tortura, tipificado na segunda parte da alínea *c* do inc. I do art. 1º da Lei nº 9.455/97, quando o constrangimento, praticado mediante violência ou grave ameaça, causando sofrimento físico ou mental na vitima, for levado a efeito por razões de *discriminação religiosa*.

De acordo com Russell Norman Champlin e João Marcos Bentes:

"A palavra portuguesa religião vem do latim, *religare*, 'religar', 'atar'. A aplicação básica dessa palavra é a ideia de que certos poderes sobrenaturais podem exercer autoridade sobre os homens, exigindo que eles façam certas coisas e evitem outras, forçando-os a cumprir ritos, sustentar crenças e seguir algum curso específico de ação. Em um sentido secundário, a denominação religiosa de alguém também exerce tais poderes. Precisamos respeitar as atitudes e as regras da comunidade religiosa a que pertencemos, se queremos fazer parte da mesma"[27].

No Brasil, são praticadas inúmeras religiões, podendo-se destacar, dentre elas, o cristianismo (protestante e católico), espiritismo, judaísmo, budismo, islamismo, hinduísmo, umbanda, candomblé etc.

Trata-se, portanto, de uma *tortura preconceituosa*, uma vez que o constrangimento, praticado mediante violência ou grave ameaça, que causa sofrimento físico ou mental na vítima, tem como motivação a discriminação religiosa.

Infelizmente, tais comportamentos são praticados com frequência em nosso país, a exemplo do que ocorre com os grupos radicais nazistas, conhecidos como *skin heads*, que costumam agredir violentamente os judeus, simplesmente pelo fato de serem judeus[28], ou seja, destilam ódio ao povo semita; ou , ainda, aqueles que torturam os que professam a fé cristã, por não tolerarem pessoas de outras religiões, às quais atribuem o adjetivo de "infiéis".

II – submeter alguém, sob sua guarda, poder ou autoridade, com emprego de violência ou grave ameaça, a intenso sofrimento físico ou mental, como forma de aplicar castigo pessoal ou medida de caráter preventivo.

Ao contrário do que ocorre com as alíneas *a, b* e *c* do inc. I do art. 1º da Lei nº 9.455/97, o inciso II do mencionado artigo elenca aqueles que poderão figurar como sujeitos passivos da tortura e, a *contrario sensu*, apontam seus sujeitos ativos, razão pela qual devemos entender que, *in casu*, essa modalidade específica de tortura deve ser considerada como um *crime próprio*, e somente determinadas pessoas poderão praticá-la.

---

27 CHAMPLIM, Russell Norman; BENTES, João Marcos. *Enciclopédia de Bíblia, teologia e filosofia*, v. 5, p. 637.

28 OBS.: Com relação aos judeus, especificamente, discute-se se se amoldariam ao conceito de raça, religião ou cultura.

> O crime de tortura, na forma do art. 1º, II, da Lei nº 9.455/97 (tortura-castigo), ao contrário da figura típica do inciso anterior, não pode ser perpetrado por qualquer pessoa, na medida em que exige atributos específicos do agente ativo, somente cometendo essa forma de tortura quem detiver outra pessoa sob sua guarda, poder ou autoridade (crime próprio). A expressão guarda, poder ou autoridade denota um vínculo preexistente, de natureza pública, entre o agente ativo e o agente passivo do crime. Logo, o delito até pode ser perpetrado por um particular, mas ele deve ocupar posição de garante (obrigação de cuidado, proteção ou vigilância) com relação à vítima, seja em virtude da lei ou de outra relação jurídica. Ampliar a abrangência da norma, de forma a admitir que o crime possa ser perpetrado por particular que não ocupe a posição de garante, seja em decorrência da lei ou de prévia relação jurídica, implicaria uma interpretação desarrazoada e desproporcional, também não consentânea com os instrumentos internacionais que versam sobre o tema. No caso, embora a vítima estivesse subjugada de fato, ou seja, sob poder dos recorridos, inexistia uma prévia relação jurídica apta a firmar a posição de garante dos autores com relação à vítima, circunstância que obsta a tipificação da conduta como crime de tortura, na forma do art. 1º, II, da Lei nº 9.455/97 (STJ, REsp 1.738.264/DF, Rel. Min. Sebastião Reis Junior, 6ª T., DJe 14/09/2018).
>
> O tipo penal do art. 1º, II, da Lei nº 9.455/97 prevê um crime próprio, exigindo suas figuras condições especiais do sujeito ativo, já que se trata de um delito que só pode ser praticado por pessoa que tenha a vítima sob sua guarda, poder ou autoridade, e, ainda, "como forma de aplicar castigo pessoal ou medida de caráter preventivo". Não havendo relação de quaisquer dessas espécies entre os acusados e a vítima, não sendo, ademais, descrita na denúncia nenhuma dessas elementares típicas, não há que se falar em condenação pela tortura-castigo, devendo ser mantida a condenação pelo crime desclassificado de lesão corporal (TJ-MG, AC 1.0687.09.072956-1/004, Rel. Des. Adilson Lamounier, DJe 12/11/2014).

Assim, de acordo com a redação legal, para que seja reconhecida a tortura, será necessário que o agente, inicialmente, submeta a vítima, que está sob sua guarda, poder ou autoridade, com o emprego de violência ou grave ameaça, a intenso sofrimento físico ou mental, como forma de aplicar castigo pessoal ou medida de caráter preventivo.

> Pratica o crime de tortura o padrasto que, com evidente intenção de infligir sofrimento às vítimas, efetua queimaduras pelos corpos dos menores sob sua autoridade, utilizando-se de substância secretada pela castanha de caju, aplicando-lhe ainda castigos que envolviam desde a ingestão excessiva de alimentos e o vômito de tal ingestão decorrente, até o corte de cabelo e raspagem de sobrancelhas, extrapolando com suas condutas qualquer finalidade educativa ou corretiva (TJ-MG, AC 1.0384.10.089163-7/001, Rel. Des. Duarte de Paula, DJe 25/11/2011).

Trata-se da modalidade de tortura conhecida doutrinariamente como tortura-castigo, tortura-punitiva, tortura-intimidatória, tortura-vindicativa, tortura-pena.

> A tortura-castigo é a submissão de alguém, sob sua guarda, poder ou autoridade, com emprego de violência ou grave ameaça, a intenso sofrimento físico ou mental, como forma de aplicar castigo pessoal ou medida de caráter preventivo (TJ-MG, AC 1.0687.13.007477-0/001, Rel. Des. Nelson Missias de Morais, DJe 03/10/2014).

O núcleo *submeter* tem o sentido de subjugar, sujeitar, obrigar. Essa conduta deve ser dirigida a alguém que esteja sob a guarda, poder ou autoridade do agente. De acordo com as lições de Gabriel Habib:

> "Guarda significa vigilância permanente. Poder decorre do exercício de cargo ou função pública. Autoridade está ligada a relações privadas, como ocorre com o tutelado, curatelado, filhos etc."[29]

> Na prática do crime de tortura, o agente emprega violência e grave ameaça contra a vítima com o propósito de lhe causar intenso sofrimento físico como forma de castigo pessoal ou medida de caráter preventivo. Sendo assim, enquanto na hipótese de maus-tratos a finalidade da conduta é a repreensão de uma indisciplina, na tortura, por sua vez, o propósito é causar o padecimento da vítima, configurando uma violação aos direitos humanos, de forma a afetar a integridade física, psíquica e mental do ofendido, infringindo a própria dignidade da pessoa humana. Na hipótese, mostra-se inviável a desclassificação da conduta para o crime de maus-tratos

---

29 HABIB, Gabriel. *Leis penais especiais*, tomo I, p. 239.

> (CP, art. 136), pois, *in casu*, os apelantes causaram o sofrimento físico e moral à vítima, desvinculada do objetivo de educação (STJ, HC 496.136, Rel.ª Min.ª Laurita Vaz, DJe 25/03/2019).

Tal como ocorre com a tortura prevista no inc. I do art. 1º da Lei nº 9.455/97, aqui também se exige o emprego de violência (*vis corporalis*) ou grave ameaça (*vis compulsiva*). No entanto, essa submissão praticada com emprego de violência física ou grave ameaça deve trazer à vítima *intenso sofrimento físico ou mental*, como forma de aplicar castigo pessoal ou medida de caráter preventivo.

Por que razão a lei utilizaria a palavra *intenso*, no sentido de profundo, atroz, terrível, ao se referir ao sofrimento físico ou mental da vítima, no inc. II do art. 1º da referida Lei de Tortura, diferentemente do que ocorre no inciso I do mesmo artigo?

Comentando a respeito dessa redação diferenciada, Mário Coimbra, com razão, adverte:

> "Impõe-se a crítica à montagem do tipo em epígrafe, pela imprecisão terminológica da expressão *intenso sofrimento físico ou mental*, deixando, por conseguinte, ao arbítrio do julgador estabelecer o alcance normativo, sendo que tal indeterminação 'pode conduzir a uma negação do próprio princípio da legalidade, pelo emprego de elementos do tipo sem precisão semântica'.
>
> Com efeito, é extremamente complexo aferir-se e valorar-se a intensidade do sofrimento, quer seja ele físico ou mental. Por essa razão, o Tribunal Europeu dos Direitos Humanos estabeleceu o entendimento de que a gravidade do sofrimento é 'uma questão relativa por sua própria natureza, que depende do conjunto dos dados do caso e especialmente da duração dos maus-tratos e de seus efeitos físicos ou mentais e, às vezes, do sexo, da idade, do estado de saúde da vítima etc.'"[30]

Prevê o tipo penal em estudo uma finalidade especial do comportamento praticado pelo agente, ou seja, essa submissão da vítima, em que o agente detém a guarda, poder ou exerce autoridade, levada a efeito mediando o emprego de violência ou grave ameaça, deve ser dirigida finalisticamente no sentido de aplicar-lhe um *castigo pessoal* ou uma *medida de caráter*

---

30 COIMBRA, Mário. *Tratamento do injusto penal da tortura*, p. 186/187.

preventivo. Há, portanto, o que doutrinariamente é reconhecido como um *especial fim de agir*.

O dolo, portanto, do agente, é dirigido a essa finalidade especial, vale frisar, aplicação de castigo pessoal ou medida de caráter preventivo.

> A não comprovação do dolo específico, consubstanciado no especial fim de promover o padecimento da vítima, por meio da aplicação de castigo pessoal ou medida de caráter preventivo, afasta a configuração do crime de tortura (TJ-MG, AC 1.0303.10.001007-1/001, Rel. Des. Rubens Gabriel Soares, Dje 20/11/2015).

Por *castigo pessoal* devemos entender aquela finalidade puramente punitiva, ou seja, que na concepção do agente, a vítima atuou de forma a "merecer" esse castigo, essa punição. Há, portanto, o chamado *animus corrigendi*, tal como ocorre com o delito de maus-tratos. Assim, ficaria a dúvida, qual seria a diferença entre o crime de tortura, previsto no inc. II do art. 1º da Lei nº 9.455/97 e o delito de maus-tratos, previsto no art. 136 do Código Penal?

A diferença estaria na intensidade da correção e também a do sofrimento físico e mental a que foi submetida a vítima. Há, portanto, um conflito aparente de normal, em que somente o caso concreto permitirá concluir, levando-se em consideração o comportamento do agente e o resultado por ele produzido na vítima, se o delito se configurará em tortura ou maus-tratos, haja vista serem as penas cominadas a este último delito sensivelmente menores do que aquele.

Merecem registro as lições de Marcos Ramayana, que buscando traçar as diferenças entre as duas infrações penais, adverte:

> "Não ocorrendo intenso sofrimento de natureza física ou mental o crime será o de maus-tratos. Impende ao intérprete se nortear pelo seguinte: o crime de maus--tratos, a princípio, é crime de perigo e o crime em comento (tortura) é de dano; o crime de maus-tratos possui contornos elementares de maior alcance, tipo sujeitando ao trabalho excessivo, abusando dos meios de correção e privando de cuidados necessários ou alimentos (por exemplo, em clínicas geriátricas, estabelecimentos de psicopatas etc.)"[31].

---

31 RAMAYANA, Marcos. *Leis penais especiais comentadas*, p. 255.

Materialidade e autoria delitivas bem demonstradas nos autos. Vítimas que confirmaram o intenso sofrimento físico e psicológico a que eram submetidas pelos acusados a pretexto de castigo pessoal, com socos no rosto, chutes nas genitálias, mordidas, queimaduras de cigarro e choques, além de terem a liberdade cerceada ao serem confinadas no quarto e impedidas de utilizarem o banheiro, jungindo-as a urinar em um balde, além de proibição de defecarem, sob pena de terem as fezes esfregadas em seus rostos. Testemunhas ouvidas que ratificaram o teor das declarações das vítimas, dando conta do cometimento de tortura como forma de castigo pessoal em virtude de travessuras praticadas pelos menores (TJ-SP, AC 0004789-73.2015.8.26.0048, Rel.ª Des.ª Gilda Alves Barbosa Diodatti, DJe 22/03/2019).

De acordo com o disposto no inc. II do art. 1º da Lei nº 9.455/97, para configurar o crime de tortura, é necessário que a violência ou a grave ameaça impingida provoque intenso sofrimento físico ou mental na vítima e que tenha o fim específico de causar este sofrimento. Não restando demonstrado que o acusado tenha agido com o dolo específico de causar intenso sofrimento da vítima, impõe-se a desclassificação para o crime de maus-tratos (TJ-MG, AC 1.0145.17.020842-8/001, Rel.ª Des.ª Denise Pinho da Costa Val, DJe 20/03/2019).

Tendo em vista o evidente propósito do acusado de causar padecimento ou intenso sofrimento a sua companheira, e não o de repreendê-la por indisciplina, não é caracterizado o delito de maus--tratos, o qual se delimita pelo excesso em medida de finalidade educacional ou correcional. Há, nos casos de maus-tratos, dolo de risco, ou seja, a conduta expõe a vítima a uma situação que venha a ferir sua integridade física ou moral, enquanto no crime de tortura incorre o dolo de dano, onde há deliberada intenção de causar intenso sofrimento à pessoa ofendida mediante violência cruel e desmedida (TJ-RS, AC 70074485905, Rel.ª Des.ª Rosaura Marques Borba, julg. 08/03/2018).

Autoria e materialidade incontestadas. Confissão da acusada, a qual confirmou em juízo que queimou a mão esquerda da sua filha na chama do fogão, em razão de a mesma estar praticando furto de dinheiro, em casa e na de vizinhos, afirmando que seu intuito era o de corrigir. Incabível o pleito desclassificatório, eis que ao contrário do que assevera a defesa, há prova suficiente de que a apelante submetia a vítima, então com seis anos de idade, a intenso sofrimento físico e psicológico, conduta que se subsume ao delito de tortura, e não de maus-tratos. *In casu*, o sentimento externado pela vítima quando da entrevista social, a qual relatou com tristeza e medo agressões anteriores, o que a fez procurar apoio junto a irmã de seu padrasto, afirmando inclusive que não desejava mais ver a mãe, associado ao fato da negligência materna em relação à sua educação formal, são indicadores de que a conduta da apelante extrapola a mera intenção correcional, porquanto ficou demonstrado que os atos foram praticados mediante extrema violência, restando evidente que o dolo da acusada, que mantinha a guarda e autoridade sobre a criança, foi dirigido a causar intenso sofrimento físico e psicológico, afastando-se em muito da mera repreensão ou pretensa correção de fins educativos. O excesso foi muito além do ato de correção, conforme se observa do boletim de atendimento médico o qual atesta que a vítima sofreu queimadura de segundo grau na mão esquerda, 3% da área corporal, sugerindo crueldade do meio empregado. Desse modo, emerge inconteste que os fatos descritos na denúncia, os quais foram satisfatoriamente comprovados no curso da instrução, subsumem-se ao disposto no art. 1º, inc. II, c/c § 4º, inc. II, da Lei nº 9.455/97, de modo a caracterizar a inviabilidade do acolhimento do pleito desclassificatório (TJ-RJ, AC 0033593-95.2012.8.19.0001, Rel. Des. Siro Darlan de Oliveira, DJe 08/03/2016).

Impossibilidade de desclassificação da conduta do réu para o crime de lesão corporal, muito menos para um eventual crime de maus-tratos, mormente porque restou provado, tanto quanto se analisou na r. sentença, ter o réu agido com o dolo adequado à espécie, consistente em impingir sofrimento intenso à vítima (basta ver as fotografias acostadas nos autos), como forma de "castigo pessoal" ou "medida de caráter preventivo", tal como reclama o tipo penal em comento, por meio da prática de inúmeras condutas, a saber: o réu espancava a vítima, apertava o seu órgão genital, apertava os dedos da sua mão com alicate, batia forte no seu ouvido, fazia-aficar em pé do lado de fora da sua casa durante a noite e lhe dava vinagre para beber. Isso, nem de longe nem de perto, parece-me consubstanciar meras lesões corporais ou abuso dos meios de correção ou disciplina. Inteligência da Doutrina (TJ-SP, AC 0007260-31.2014.8.26.0005, Rel. Des. Airton Vieira, DJe 04/12/2015).

Impõe-se a desclassificação do delito de tortura para o de maus-tratos se as provas dos autos demonstram que o agente, ao aplicar o castigo pessoal nas vítimas, não pretendeu torturá-las, mas, sim, almejou corrigi-las, educá-las, embora tenha empregado meio violento e, até mesmo, cruel e desumano (TJ-RJ, AC 0001931-04.2009.8.19.0039, Rel. Des. Antônio Eduardo F. Duarte, DJe 1º/12/2015).

O delito de tortura exige para a sua configuração típica que a vítima sofra um intenso sofrimento físico ou mental. Cuida-se, aqui, portanto, de situações extremadas, por exemplo: aplicar ferro em brasa na vítima. O móvel propulsor desse crime é a vontade de fazer a vítima sofrer por sadismo, ódio, e não *animus corrigendi* ou *disciplinandi*. Nesse sentido, "a tortura refere-se ao flagelo, ao martírio, à maldade, praticados por puro sadismo, imotivado ou na expectativa de extorquir notícia, confissão ou informação qualquer, sem se ligar a um sentimento de castigo, de reprimenda, por ato que se repute errôneo, impensado, mal-educado, ao passo que o delito de maus-tratos, diferentemente, diz respeito ao propósito de punir, de castigar para censurar ou emendar" (*CP Comentado*, Fernando Capez e Stela Prado, p. 259 e 260). "A questão dos maus--tratos e da tortura deve ser resolvida perguntando-se o elemento volitivo. Se o que motivou o agente foi o desejo de corrigir, embora o meio empregado tenha sido desumano e cruel, o crime é de maus tratos. Se a conduta não tem outro móvel senão o de fazer sofrer, por prazer, ódio ou qualquer outro sentimento vil, então pode ela ser considerada tortura" (RJ TJ-SP, 148/280)." Sendo assim, deve a sua conduta ser enquadrada nos moldes do art. 136 do Código Penal, respondendo assim a ora embargante pelo crime de maus-tratos. (TJ-RJ, Emb. Inf. 0001543-32.2008.8.19.0041, Rel. Des. Siro Darlan de Oliveira, DJe 13/08/2015).

Testemunhas que afirmam e reconhecem ser a Acusada autora das lesões sofridas pela vítima idosa, de 99 (noventa e nove) anos de idade, à época. Como cediço, no tipo do crime de maus-tratos, mister se faz que o dolo seja de repreensão como forma de correção e que, no excesso, não haja a intenção de causar intenso sofrimento na vítima. No caso, há narrativas de empurrões; amarrando-a; tapas nas pernas; o pegar de forma violenta, o empurrar de maneira violenta na direção da cadeira higiênica etc., fatos que lhe causaram ferimentos graves no corpo e, principalmente, em seus estado psíquico, sendo, portanto, visível a intenção da acusada em imprimir um sofrimento que extrapola qualquer intenção de correção. Tese defensiva de desclassificação para o delito de maus-tratos que não se acolhe (TJ-RJ, AC 0198664-18.2013.8.19.0001, Rel. Des. Paulo Rangel, DJe 1º/07/2015).

Outra finalidade especial no tipo penal *sub examen* diz respeito ao fato de que o comportamento do agente, que submete, mediante violência ou grave ameaça, a vítima que estava sob sua guarda, poder ou autoridade, a intenso sofrimento físico ou mental, pode ser dirigido como forma de aplicar medida de caráter preventivo.

Por *medida de caráter preventivo* entende-se a antecipação do agente/ torturador, submetendo a vítima a intenso sofrimento físico ou mental, como forma de inibir-lhe de praticar algo que o agente supostamente não queria que viesse a ser levado a efeito. Assim, por exemplo, imagine-se a hipótese em que um servidor público, que trabalha em uma instituição destinada ao acolhimento de adolescentes infratores, toma conhecimento de que circulava a notícia de um plano de fuga entre eles. Ao chegar aos ouvidos do referido servidor público a mesma notícia, ele espanca um dos adolescentes, causando-lhe intenso sofrimento físico, com a finalidade de intimidá-lo a não tentar a cogitada fuga.

O crime se consuma quando o agente, submetendo a vítima que está sob sua guarda, poder ou autoridade, com o emprego de violência ou grave ameaça, produz-lhe, efetivamente, intenso sofrimento físico ou mental.

> A consumação do crime de tortura, previsto no art. 1º, II, combinado com o § 4º, II, da Lei nº 9.455/97, ocorre no momento em que o constrangimento é realizado pelo sujeito ativo, podendo ser de ordem física ou moral (TJ-SP, AC 0007260-31.2014.8.26.0005, Rel. Des. Airton Vieira, DJe 04/12/2015).

Em se tratando de um crime plurissubsistente, torna-se possível o raciocínio correspondente à tentativa.

8.1. Tortura a pessoa presa ou sujeita à medida de segurança

Diz o § 1º do art. 1º da Lei nº 9.455/97, *verbis*:

> § 1º Na mesma pena incorre quem submete pessoa presa ou sujeita a medida de segurança a sofrimento físico ou mental, por intermédio da prática de ato não previsto em lei ou não resultante de medida legal.

Aqui, a tortura deve ser praticada diretamente contra a pessoa daquele que se encontra oficialmente preso, independentemente da natureza da prisão, isto é, pode ser uma prisão de natureza cautelar, a exemplo da prisão preventiva, ou mesmo decorrente de uma sentença penal condenatória.

Assim, v.g., o preso poderá ser torturado no interior de alguma delegacia de polícia, ou mesmo dentro do sistema prisional

Da mesma forma, aquele que está submetido a uma medida de segurança, e que se encontra internado em algum estabelecimento psiquiátrico também pode ser vítima do crime de tortura. De acordo com o art. 96 do Código Penal, as medidas de segurança são:

> I – Internação em hospital de custódia e tratamento psiquiátrico ou, à falta, em outro estabelecimento adequado;
>
> II – sujeição a tratamento ambulatorial.

A primeira delas é reconhecida como uma medida de segurança de natureza *detentiva*, sendo a segunda considerada como *restritiva*. Em ambas as hipóteses pode ocorrer o crime de tortura, haja vista que a lei somente fez menção ao sujeito passivo, dizendo ser aquele sujeito à medida de segurança.

O comportamento do agente deve ser dirigido finalisticamente no sentido de submeter o preso, ou seja, aquele que se encontra privado de sua liberdade, estando sob a custódia do Estado, ou o sujeito a uma medida de segurança, seja sob o regime de internação, ou mesmo sob o tratamento ambulatorial, causando sofrimento físico ou mental, por intermédio de prática de ato não previsto em lei ou não resultante de medida legal.

Por *ato não previsto em lei ou não resultante de medida legal* devemos interpretar todos aqueles que não se encontram elencados em um determinado diploma legal pois que, como sabemos, existem situações disciplinadas em lei que não deixam de causar esse sofrimento físico ou mental, mas que não podem se configurar no crime de tortura. Assim, por exemplo, o simples fato de o preso encontrar-se cumprindo sua pena estritamente de acordo com as regras do regime disciplinar diferenciado, com toda certeza, isso lhe trará um sofrimento, se não for físico, pelo menos será mental. No entanto, aquele que submete legalmente o preso a essa condição não pratica o delito de tortura.

O que a lei proíbe e, consequentemente, comina uma pena para esse comportamento, é a conduta ilegal, arbitrária, praticada com essa finalidade de causar sofrimento. Assim, por exemplo, evitar a circulação de ar nas celas, fazer com que o preso se submeta a barulhos insuportáveis e desnecessários, com o fim de atrapalhar-lhe o sono, ou cortar a energia elétrica, fazendo com que permaneça constantemente no escuro, são comportamentos ilegais, que trarão sofrimento físico ou mental ao preso.

Mário Coimbra ainda fornece outros exemplos, dizendo:

> "Quanto ao preso já custodiado, caracteriza a tortura mental ou psicológica colocá-lo em cela escura, ainda que tenha praticado falta disciplinar, vez que tal medida está, expressamente, vedada pelo art. 45, § 2º, da Lei de Execução Penal; ou aumentar o seu isolamento por mais de 30 dias, com o escopo de submetê-lo a sofrimento mental, violando-se, dessa feita, a norma prevista no art. 58 da referida lei, que estabelece o prazo máximo de trinta dias para o isolamento do preso que praticou falta disciplinar"[32].

Com relação à pessoa sujeita à medida de segurança, dissemos que poderia ser verificada a tortura nas duas hipóteses em que pode ser aplicada, ou seja, não somente o internado em hospital de custódia ou tratamento psiquiátrico, mas também aquele sujeito a tratamento ambulatorial poderá figurar como vítima do delito.

Assim, imagine-se a hipótese daquele sujeito a uma medida de segurança ambulatorial que veja negado seus remédios por aquele encarregado de fornecê-lo, fazendo com que, por exemplo, comece a ter uma crise de abstinência, devido à falta da medicação, ou que lhe fornece medicação não adequada ao seu caso, causando à vítima sofrimento físico ou mental.

No caso de internação, a hipótese, com certeza, seria mais comum, podendo a pessoa encarregada de cuidar do doente mental agir de modo a causar-lhe esse sofrimento físico ou mental, não lhe fornecendo, por exemplo, cobertores durante o período de inverno, não ministrando a medicação correta, deixando de fornecer a alimentação exigida, enfim, esse sofrimento físico ou mental deve ter sido causado pelo agente à vítima, por intermédio da prática de um ato não previsto em lei ou não resultante de medida legal.

Como se percebe, cuida-se, *in casu*, de crime próprio, pois que somente determinadas pessoas podem cometê-lo, como ocorre com os servidores públicos (policiais, agentes prisionais, médicos, enfermeiros etc.) que lidam diretamente com o preso, ou com a pessoa sujeita à medida de segurança.

---

32 COIMBRA, Mário. *Tratamento do injusto penal da tortura*, p 189.

O crime se consuma quando o agente, mediante a prática de ato não previsto em lei ou não resultante de medida legal, causa sofrimento físico ou mental à pessoa presa ou sujeita à medida de segurança.

Em se tratando de crime plurissubsistente, será possível o reconhecimento da tentativa.

Não há previsão da modalidade culposa para esses comportamentos, devendo o agente, portanto, agir dolosamente no sentido de causar sofrimento físico ou mental no preso ou pessoa sujeita a medida de segurança, por intermédio de ato não previsto em lei ou não resultante de medida legal.

Assim, raciocinemos com a hipótese em que um agente prisional, durante seu turno, caia em sono profundo e deixe de fornecer a um determinado preso, que estava sob sua custódia, o necessário cobertor para que pudesse se abrigar, tendo em vista que na cidade onde se encontravam as temperaturas eram consideradas, no inverno, as mais baixas do país, chegando, inclusive a nevar.

O preso quase não suporta o frio, mas consegue sobreviver, tendo passado por um intenso sofrimento físico. Nesse caso, o agente prisional não responderia pelo delito de tortura, mas sim por outra infração penal, caso existente, a exemplo de uma lesão corporal (culposa) oriunda da falta de aquecimento, ou mesmo, tão somente, por uma infração de natureza administrativa.

9. TORTURA IMPRÓPRIA

O § 2º do art. 1º da Lei nº 9.455/97 prevê a chamada tortura imprópria, dizendo:

> § 2º Aquele que se omite em face dessas condutas, quando tinha o dever de evitá-las ou apurá-las, incorre na pena de detenção de um a quatro anos.

Conforme se depreende da redação do § 2º transcrito, cuida-se da posição de *garantidor*, que foi tratada de forma mais branda pela Lei de Tortura, ao contrário do raciocínio que se leva a efeito através da redação constante do § 2º do art. 13 do Código Penal, que diz:

> § 2º A omissão é penalmente relevante quando o omitente devia e podia agir para evitar o resultado. O dever de agir incumbe a quem:

a) tenha por lei obrigação de cuidado, proteção ou vigilância;

b) de outra forma, assumiu a responsabilidade de impedir o resultado;

c) com seu comportamento anterior, criou o risco da ocorrência do resultado.

Tanto na Lei de Tortura, quanto no Código Penal, estamos diante dos chamados *crimes omissivos impróprios*, também conhecidos como *crimes comissivos por omissão* ou *omissivos qualificados*, ou seja, aqueles em que, para que possam ser configurados, é preciso que o agente possua um *dever de agir* para evitar o resultado. Esse dever de agir não é atribuído a qualquer pessoa, como acontece em alguns crimes omissivos próprios, a exemplo do art. 135 do Código Penal, mas tão somente àquelas que gozem do *status* de garantidoras da não ocorrência do resultado.

> No caso, a denúncia, apenas quanto àqueles denunciados pelo crime previsto no inc. II do § 2º do art. 1º da Lei nº 9.455/97, não atende aos pressupostos legais, pois não descreve de que maneira teria o recorrente se omitido, se teria presenciado a tortura e nada fez, em que medida tinha o dever jurídico de agir, ou mesmo, tendo a possibilidade e o dever jurídico de evitar ou apurar a prática do crime de tortura, como se quedou inerte, compactuando com o delito. Não serve, para tanto, a mera referência ao dispositivo legal tido por violado (STJ, RHC 28.328/MG, Rel. Min. Sebastião Reis Junior, 6ª T., DJe 10/11/2014).
>
> TORTURA – CRIME OMISSIVO IMPRÓPRIO – Nos crimes comissivos por omissão o dever de agir é direcionado para evitar um resultado concreto. Ocorre, então, um crime material, de resultado, sendo exigido o nexo causal entre a ação omitida (aguardada) e o resultado. Aparece então a figura do garantidor da não ocorrência do resultado. Se o réu, em razão de seu trabalho, assumiu a posição de garantidor, deveria ele ter agido para impedir os resultados. Não o tendo feito, agiu de maneira criminalmente omissa e deve responder por seus atos (TJ-MG, AC 1.0702.09.656600-6/001, Rel. Des. Alberto Deodado Neto, DJe 02/03/2012).
>
> Crime de tortura praticado pela companheira do paciente contra sua filha. Omissão do paciente, que vivia em sociedade conjugal de fato com a corré. Relevância causal. Dever de agir, senão de direito

TORTURA

CAPÍTULO 1

> ao menos de fato (STF, HC 94.789/RJ, Rel. Min. Eros Grau, 2ª T., DJe 21/05/2010).

Segundo as lições de Juarez Tavares:

> "Diz-se, na verdade, que os crimes omissivos impróprios são crimes de omissão qualificada porque os sujeitos devem possuir uma qualidade específica, que não é inerente e nem existe nas pessoas em geral. O sujeito deve ter com a vítima uma vinculação de tal ordem, para a proteção de seus bens jurídicos, que o situe na qualidade de garantidor desses bens jurídicos"[33].

Embora o § 2º do art. 1º, ao contrário do que ocorre com o § 2º do art. 13 do Código Penal, não tenha mencionado a necessidade de, juntamente com o *dever de agir*, *possibilidade física* de o agente atuar, no sentido de evitar o resultado, temos que, obrigatoriamente, interpretá-lo dessa forma. A impossibilidade física afasta a responsabilidade penal do garantidor por não ter atuado no caso concreto quando, em tese, tinha o dever de agir.

O § 2º do art. 1º da Lei nº 9.455/97 fala em dever de *evitar* ou de *apurar* a prática de quaisquer condutas previstas nos incs. I, *a*, *b* e, *c*, e II do citado artigo, que tipificam a tortura.

> A figura típica prevista no § 2º do art. 1º da Lei de Tortura, constitui--se em crime próprio, porquanto exige condição especial do sujeito. Ou seja, é um delito que somente pode ser praticado por pessoa que, ao presenciar tortura, omite-se, a despeito do "dever de evitá-las ou apurá-las" (como é o caso do carcereiro policial). Em tais casos, a incidência da circunstância agravante prevista no art. 61, inc. II, alínea *g*, do Código Penal, e da majorante de pena estabelecida no art. 1º, § 4º, inc. I, da Lei nº 9.455/1997 ("se o crime é cometido por agente público"), constitui evidente *bis in idem* na valoração da condição pessoal do sujeito ativo (STJ, HC 131.828/RJ, Rel.ª Min.ª Laurita Vaz, 5ª T., DJe 02/12/2013).

Evitar, aqui, tem o sentido de impedir, ou seja, não permitir a prática da tortura. Assim, por exemplo, imagine-se a hipótese em que um delegado de polícia tome conhecimento de que um subordinado seu havia efetuado

---

33 TAVARES, Juarez. *As controvérsias em torno dos crimes omissivos*, p. 65.

a prisão de um agente que tinha praticado um delito de extorsão mediante sequestro juntamente com outras pessoas, sendo que a vítima ainda se encontrava presa no cativeiro. Com a finalidade de obter as informações necessárias do local do referido cativeiro, esse policial dá início à sessão de tortura, sendo que tal fato chega ao conhecimento da autoridade policial, que nada faz para impedi-la. Nesse caso, ambos deverão responder pelo crime de tortura. No entanto, por mais incrível que isso possa parecer, a autoridade que tinha o dever de impedir o ato responderá pelo crime com uma pena significativamente menor, ou seja, ao invés de responder, como ocorreria, normalmente, se fosse aplicado o § 2º do art. 13 do Código Penal, pelas mesmas penas do crime que devia e podia, mas não tentou evitar, a ele será cominada uma pena de detenção de um a quatro anos, ou seja, a metade da pena prevista para aquele que comete diretamente a tortura.

Rogério Sanches Cunha, corretamente, exterioriza sua indignação com o § 2º do art. 1º da Lei de Tortura, dizendo:

> "Quis o legislador explicitar o que já explicitado pelo art. 13, § 2º, do CP, mas, infelizmente, agiu mal. Vejamos:
>
> O art. 5º, XLIII, da CF, determina ao garante os mesmos consectários do executor.
>
> No entanto, o legislador ordinário, de forma desastrosa, previu ao omitente pena bem mais branda (detenção de um a quatro anos) do que aquela estabelecida para punir o executor ou mandante da tortura (reclusão de dois a oito anos). Assim, em face deste omitente não pode ser decretada prisão preventiva, admite-se (pasmem!) a suspensão condicional do processo e não há equiparação a crime hediondo.
>
> Melhor seria o silêncio. Assim, contrariando a CF/88, para nós o executor e o omitente devem ficar sujeitos às mesmas consequências (segundo mandamento constitucional)"[34].

Roberto Delmanto, Roberto Delmanto Júnior e Fábio M. de Almeida Delmanto vão mais além, entendendo pela inconstitucionalidade parcial do § 2º do art. 1º em estudo, asseverando que:

> "É flagrante a inconstitucionalidade da primeira parte do § 2º do art. 1º da Lei da Tortura que premia com punição

---

34 CUNHA, Rogério Sanches. *Legislação criminal especial*, p. 1.057.

tão branda, e assim até mesmo incentiva, a omissão de autoridades em evitar a prática da tortura. Fere, de morte, a última parte do art. 5º, XLIII, da Magna Marta, que estabelece: 'a lei considerará crimes inafiançáveis e insuscetíveis de graça e anistia a prática da tortura, o tráfico ilícito de entorpecentes e drogas afins, o terrorismo e os definidos como crimes hediondos, por eles respondendo os mandantes, os executores e os que, podendo evitá-los, se omitirem'. Viola, também, a Convenção Interamericana para Prevenir e Punir a Tortura, aprovada pelo Decreto Legislativo nº 5, de 1 de maio de 1989, e promulgada pelo Decreto nº 98.386, de 9 de dezembro de 1989, que dispõe: 'Art. 1º Os Estados-Partes obrigam-se a prevenir e a punir a tortura, nos termos desta Convenção, [...]. Art. 3º Serão responsáveis pelo delito de tortura: a) Os empregados ou funcionários que, atuando nesse caráter, ordenem sua execução ou instiguem ou induzam a ela, cometam-no diretamente ou, podendo impedi-lo, não o façam'"[35].

E continuam, dizendo:

"Ora, a conduta do funcionário público que se omite e deixa a vítima ser torturada, podendo e devendo impedir o crime, merece censura mais severa do que aqueles que executam a tortura, diante da sua covardia e do grande dano social que a sua omissão causa, atingindo o próprio Estado Democrático de Direito, em seu âmago"[36].

Pode ser, no entanto, que a tortura já tenha acontecido e que esse fato só tenha chegado ao conhecimento do responsável pela sua apuração após a consumação do delito. Evitando-se um possível corporativismo, previu o mencionado parágrafo, ainda, o dever em apurar, ou seja, a necessidade de se investigar para que a justiça possa, efetivamente, ser exercida, com a punição do culpado pela tortura.

Ao contrário do que ocorre com a situação anterior, em que o agente tinha o dever de agir para evitar a tortura, sendo, portanto, considerado como garantidor da não ocorrência desse resultado criminoso, no que diz

---

35 DELMANTO, Roberto; DELMANTO JÚNIOR, Roberto; DELMANTO, Fábio M. de Almeida. *Leis penais especiais comentadas*, p. 426/427.

36 DELMANTO, Roberto; DELMANTO JÚNIOR, Roberto; DELMANTO, Fábio M. de Almeida. *Leis penais especiais comentadas*, p. 427.

respeito à apuração da tortura, trata-se de um crime omissivo próprio, punido com uma pena de detenção de um a quatro anos.

Em ambas as hipóteses, a conduta é dolosa, não havendo previsão, portanto, para a modalidade de natureza culposa.

De acordo com as lições de Mario Coimbra:

> "A consumação delitiva, na hipótese da omissão em evitar a tortura, ocorre com o resultado, enquanto, na segunda hipótese (não apuração), ela se perfaz no momento em que o agente delibera em não apurar o delito. Como, no primeiro caso, o tipo exige o resultado naturalístico, admite-se a tentativa. No entanto, a *conatus* é inadmissível na segunda hipótese, porque ou o agente instaura o procedimento investigatório ou não toma tal providência, aperfeiçoando-se o delito"[37].

10. MODALIDADES QUALIFICADAS

As modalidades qualificadas do crime de tortura encontram-se previstas no § 3º do art. 1º da Lei nº 9.455/97, que diz:

> § 3º Se resulta lesão corporal de natureza grave ou gravíssima, a pena é de reclusão de quatro a dez anos; se resulta morte, a reclusão é de oito a dezesseis anos.

As lesões corporais de natureza grave e gravíssima são aquelas previstas nos §§ 1º e 2º do art. 129 do Código Penal, a saber: I – Incapacidade para as ocupações habituais, por mais de trinta dias; II – perigo de vida; III – debilidade permanente de membro, sentido ou função; IV – aceleração de parto: V – Incapacidade permanente para o trabalho; VI – enfermidade incurável; VII – perda ou inutilização do membro, sentido ou função; VIII – deformidade permanente; IX – aborto.

A tipificação do crime como tortura qualificada pela lesão grave ou gravíssima (art. 1º, § 3º, da Lei nº 9.455/97), não impede que a maior gravidade da lesão sofrida seja considerada para majorar a pena-base como consequência do crime. No caso em análise, a vítima sofreu trauma abdominal gravíssimo, tendo sido submetida à cirurgia de emergência em que se constatou "explosão de bexiga

---

37 COIMBRA, Mário. *Tratamento do injusto penal da tortura*, p. 191.

> e hemoperitôneo, além de laceração de sigmoide" (STJ, AgRg no HC 236.098/MG, Rel. Min. Joel Ilan PAciornik, 5ª T., DJe 29/06/2018)
>
> É de ser reconhecida a forma qualificada do delito de tortura, na medida em que o conjunto probatório demonstrou haver nexo de causalidade entre as agressões perpetradas pelo réu e as lesões corporais internas de natureza grave, consistentes em contusão renal e rotura da bexiga, as quais ocasionaram grave desidratação e insuficiência renal aguda. Nessa perspectiva, os autos de exame de corpo de delito demonstraram a incapacidade da ofendida para as ocupações habituais por mais de 30 dias, bem como afirmaram o perigo de vida (TJ-RS, AC 70054264577, Rel. Des. Nereu José Giacomolli, julg. 03/04/2014).

Inicialmente, merece registro o fato de que existe controvérsia doutrinária no sentido de se considerar os resultados previstos nos §§ 1º e 2º do art. 129 do Código Penal como de natureza culposa, sendo, portanto, o crime de tortura, com esses resultados, considerado como preterdoloso, ou seja, aquele onde existe dolo no antecedente (tortura) e culpa no que diz respeito ao resultado qualificador.

Majoritariamente, a doutrina se posiciona pela existência do crime preterdoloso. Nesse sentido, se posicionam Sheila Bierrenbach[38], Ricardo Antônio Andreucci[39], Marcos Ramayana[40], Mário Coimbra[41], dentre outros.

Em sentido contrário, Guilherme de Souza Nucci preleciona que:

> "Do fato-base (tortura) pode advir um resultado qualificador (lesão grave ou morte), que torna o delito particularmente merecedor de sanção mais elevada. Em nosso entendimento, o crime qualificado pelo resultado pode dar-se com dolo na conduta antecedente (tortura) e dolo ou culpa na consequente (lesão ou morte). O tipo penal, se desejasse construir uma figura preterdolosa, ou seja, com dolo na primeira etapa (tortura) e *somente* culpa na segunda (lesão ou morte) deveria ter sido explícito, como, aliás, foi feito no art. 129, § 3º, do Código Penal"[42].

---

38 BIERRENBACH, Sheila. *Comentários à lei de tortura*, p. 73.

39 ANDREUCCI, Ricardo Antonio. *Legislação penal especial*, p. 660.

40 RAMAYANA, Marcos. *Leis penais especiais comentadas*, p. 261.

41 COIMBRA, Mário. *Tratamento do injusto penal da tortura*, p. 193.

42 NUCCI, Guilherme de Souza. *Leis penais e processuais penais comentadas*, p. 741.

Entendemos que, tal como ocorre com a própria lesão corporal qualificada, prevista nos §§ 1º e 2º do art. 129 do Código Penal, somente a análise individualizada de cada uma das qualificadoras permitirá dizer que, no caso concreto, estamos diante de um crime eminentemente preterdoloso, ou se aceita ambas as formas relativas aos crimes qualificados pelo resultado, ou seja, dolo e culpa, e dolo e dolo.

Assim, por exemplo, imagine-se a hipótese daquele que tortura a mulher de um perigoso traficante de drogas, com a finalidade de descobrir seu paradeiro, até então desconhecido pela polícia. O agente/torturador sabe que a vítima encontra-se grávida. Se for sua intenção que, além do sofrimento físico causado pela própria tortura, a vítima venha a abortar, estaremos diante de um concurso de crimes, ou seja, o delito de tortura e o crime de aborto.

Agora, suponhamos que não fosse intenção do agente produzir o aborto na gestante que, por conta das lesões sofridas durante a tortura, vem a abortar, o agente responderia somente pela tortura qualificada, prevista no § 3º do art. 1º da Lei nº 9.455/97.

Por outro lado, raciocinemos, ainda, com a possibilidade de que o agente/torturador, com seu comportamento, queira, além de obter a confissão da vítima, de quem suspeitava ter praticado uma determinada infração penal, ainda queria causar-lhe debilidade permanente, por exemplo, no seu braço. Nesse caso, entendemos que somente responderá pelo delito de tortura qualificada, não havendo concurso com o delito de lesão corporal, tipificado no art. 129, § 1º, III, do Código Penal, cujo resultado pode ser-lhe atribuído tanto a título de dolo, quanto a título de culpa (*preterdolo*).

No que diz respeito ao resultado morte, aqui, sim, o delito deverá ser sempre considerado *preterdoloso*, uma vez que, fosse intenção do agente causar a morte da vítima, através da prática da tortura, estaríamos diante do delito tipificado no art. 121, § 2º, III, do Código Penal, ou seja, homicídio qualificado pela tortura.

> Laudo de exame de necropsia válido. Confirmação de que a morte foi provocada por trauma agudo. Ao contrário daquilo que vem aventado na peça recursal, não existe mácula que inquine de nulidade o laudo de exame de necropsia, sendo que eventual erro material na aposição da data não tem o condão de tirar a validade da peça pericial. A vítima veio a óbito em decorrência do trauma sofrido no pulmão. O legista foi claro e contundente em sua descrição:

> Andressa apresentou o chamado pulmão de choque ocasionado pela complicação do trauma (lesão) agudo sofrido. Inafastável a qualificadora descrita no § 3º do art. 1º da Lei nº 9.455/97, uma vez que restou evidente que a morte foi provocada pelo agravamento das lesões oriundas da sessão de tortura a que a vítima foi submetida (TJ-RJ, AC 0337338-73.2013.8.19.0001, Rel.ª Des.ª Maria Angelica Guedes, DJe 15/12/2015).
>
> Para a configuração do tipo penal enunciado no art. 1º, II, da Lei nº 9.455/97 (tortura), é necessário o preenchimento de certos requisitos obrigatórios, tais como a comprovação de que o sofrimento causado à vítima tenha sido cruel e demasiadamente intenso, com dolo específico de torturar para aplicar castigo pessoal ou medida de caráter preventivo, o que não se verifica no caso em questão, pois os agentes policiais, embora de modo imprudente e brutal, após injusta provocação da vítima, sob domínio de violenta emoção, almejavam apenas aplicar um corretivo na vítima, não se vislumbrando nessa conduta o *"animus torturandi"*, impondo-se, portanto, a sua desclassificação para lesões corporais seguida de morte privilegiada (TJ-MG, AC 1.0035.07.110408-3/001, Rel. Des. Paulo Cézar Dias, DJe 18/08/2009).

As lesões corporais de natureza leve são absorvidas pelo crime de tortura.

Existe, ainda, controvérsia doutrinária sobre a possibilidade de responder, também, pela tortura qualificada, aquele que, tendo o dever de evitar a tortura, ou mesmo de apurá-la após a sua prática, se omite, conforme o disposto no § 2º do art. 1º da Lei nº 9.455/97.

Ao que parece, três correntes se formaram.

A primeira delas, conforme defende Guilherme de Souza Nucci, asssevera que:

> "Este § 3º não deve ser aplicado ao delito omissivo do § 2º, tendo em vista, pelo menos, duas razões: a) o resultado lesão grave, gravíssima ou mote termina sendo consequência da violência direta, grave ameaça ou do sofrimento físico e mental imposto à vítima. Logo, a conduta omissiva não se encaixa nesse perfil; b) a pena aplicada à tortura propriamente dita é de reclusão, aumentada na hipótese de haver resultado qualificador (lesão grave ou morte), mas a pena do agente que se

omite cinge-se à esfera da detenção, não sendo lógico, pois, transformá-la em reclusão somente pelo fato de ter havido resultado mais grave originário da tortura (realizada por outrem)"[43].

> A omissão relevante com relação ao crime de tortura é tipificada no § 2º do art. 1º da Lei nº 9.455/97 não sendo possível a sua aplicação ao crime em sua forma qualificada (TJ-MG, AC 1.0518.10.015055-7/001, Rel. Des. Matheus Chaves Jardim, DJe 29/06/2015).

Em sentido diametralmente oposto e, a nosso ver, com razão posiciona-se Cláudia Barros Portocarrero, dizendo, nessa hipótese, que o garantidor:

"Deva responder pelo mesmo crime do executor, nos exatos termos do § 3º. Explicamos: o legislador, ao prever a modalidade omissiva pura para o garantidor, o fez no § 2º, depois de definir a tortura em sua modalidade simples. No citado parágrafo, o legislador mencionou que 'aquele que se omite diante *dessas* (grifo nosso) condutas, quando tinha o dever de evitá-las [...]'responderia pela mera omissão. Ora, ao utilizar-se do pronome 'dessas', referiu-se o legislador a algo que veio mencionado anteriormente ao texto, afastando a responsabilidade pelo resultado apenas quando se tratar de inércia em face da tortura simples. Não se refere, assim, às qualificadoras, tratadas posteriormente, no § 3º, com relação às quais devemos nos utilizar da relação normativa de causalidade para a omissão trazida pelo art. 13, § 2º, e, principalmente, pela própria Constituição Federal, no art. 5º, XLIII, respondendo o garantidor pela tortura qualificada pelas lesões graves ou pela morte"[44].

Numa posição intermediária, Rogério Sanches Cunha entende que:

"A qualificadora atinge todas as modalidades da tortura, salvo a segunda figura do § 2º, que trata da omissão na apuração da tortura. Nesta, não é possível que o omitente responda pelo resultado, pois se deixou de

---

43 NUCCI, Guilherme de Souza. *Leis penais e processuais penais comentadas*, p. 741.
44 PORTOCARRERO, Cláudia Barros. Lei penais especiais comentadas para concursos, p. 234.

apurar o crime de tortura já consumado, o concurso de pessoas não pode se configurar"[45].

11. CAUSAS ESPECIAIS DE AUMENTO DE PENA

Diz o § 4º do art. 1º da Lei de Tortura:

> § 4º Aumenta-se a pena de um sexto até um terço:
>
> I – se o crime é cometido por agente público;
>
> II – se o crime é cometido contra criança, gestante, portador de deficiência, adolescente ou maior de 60 (sessenta) anos; (Redação dada pela Lei nº 10.741, de 2003)
>
> III – se o crime é cometido mediante sequestro.

De acordo com o art. 68, *caput*, do Código Penal, as causas de aumento de pena, ou majorantes, serão consideradas no terceiro momento do critério trifásico de aplicação da pena por ele previsto.

Esse aumento na pena variará de acordo com o caso concreto, devendo o julgador, fundamentadamente, decidir pelo percentual a ser aplicado, variando entre um mínimo de um sexto, podendo chegar ao máximo de um terço.

Essas majorantes serão aplicadas tanto às modalidades simples, quanto às modalidades qualificadas de tortura (§ 3º do art. 1º), tendo a sua situação topográfica.

São três as hipóteses de aumento de pena previstas pelo § 4º do art. 1º da Lei nº 9.455/97, a saber:

I – se o crime é cometido por agente público;

> Art. 5º Considera-se autoridade, para os efeitos desta lei, quem exerce cargo, emprego ou função pública, de natureza civil, ou militar, ainda que transitoriamente e sem remuneração.

Não é pelo fato de gozar do *status* de agente público que, automaticamente, deverá ser aplicada a majorante, mas tão somente quando ele atua nessa qualidade, ou seja, de agente público, ou se valendo

---

45 CUNHA, Rogério Sanches. *Legislação criminal especial*, p. 1058.

dessa função. Assim, por exemplo, imagine-se a hipótese em que o agente, um juiz de direito, submeta seu filho a intenso sofrimento físico, como forma de aplicar-lhe um castigo pessoal, pelo fato de que havia, juntamente com outros colegas, destruído alguns bens existentes no condomínio onde residiam. Aqui, como se percebe, esse juiz de direito está atuando como pai, subjugando alguém que está sob sua guarda, razão pela qual não se poderá falar na aplicação da causa especial de aumento de pena prevista no inc. I do § 4º do art. 1º da Lei de Tortura.

Discute-se doutrinariamente se a causa especial de aumento de pena relativa ao fato de o crime ser praticado por agente público poderia ser aplicada a todas as modalidades de tortura previstas na Lei nº 9.455/97. Melhor dizendo, parte de nossos doutrinadores entende que alguns crimes previstos na Lei de Tortura somente podem ser praticados por agentes públicos, razão pela qual restaria inviabilizada a aplicação da majorante em estudo, sob pena de ser caracterizado o *bis in idem*.

Nesse sentido, Sheila Bierrenbach aduz que:

> "Em relação ao inciso I, deve-se ter cautela com os tipos penais que exigem do sujeito a especial condição de agente público, como a modalidade do art. 1º, parágrafo 1º. Aplicar a causa de aumento em análise em tal hipótese configuraria *bis in idem*, inadmitido no Direito Penal, tendo em vista que a qualidade de agente público constitui elementar do tipo"[46].

Alberto Silva Franco aduz, que em duas situações:

> "A condição de agente público é imprescindível para a própria caracterização típica, criando-se, obliquamente, um crime próprio: a) quando o agente tortura alguém sob sua autoridade, desde que se atribua à 'autoridade' o conceito legal dado pelo art. 5º da Lei de Abuso de Autoridade, b) quando o agente omite a apuração da tortura tendo o dever, obviamente, legal de realizá-la. Nesses dois casos, o sujeito ativo deve ser, necessariamente, agente público, não se podendo valorar, novamente, essa qualidade para efeito de agravação da pena, pois se teria, então, um verdadeiro *bis in idem*"[47].

---

46 BIERRENBACH, Sheila. *Comentários à lei de tortura*, p. 74.
47 SILVA FRANCO, Alberto. *Tortura: breves anotações sobre a Lei nº 9.455/97*, p. 115.

Temos, portanto, que analisar cada uma das figuras típicas que importam no crime de tortura, a fim de identificar em quais delas somente o agente público poderá ser considerado como sujeito ativo do crime. Nesses casos, não será possível a aplicação da majorante *sub examen*. Nas demais hipóteses, em que o delito seja considerado como comum, podendo ser praticado por qualquer pessoa, inclusive o agente público, não haverá impedimento para aplicação da causa especial de aumento de pena.

Assim, segundo entendemos, somente não se poderá majorar a pena nas hipóteses do § 1º, e também do § 2º, quando o agente tinha o dever de apurar a tortura, ambos do art. 1º da Lei nº 9.455/97. Nas demais hipóteses, será perfeitamente possível sua aplicação, não havendo que se falar em *bis in idem*.

> Sendo maior a reprobabilidade da tortura cometida por agente público, a quem competia justamente cumprir a lei e respeitar os direitos individuais, mostra-se razoável e proporcional a aplicação da majorante inserta no art. 1º, § 4º, I, da Lei nº 9.455/97 (STJ, HC 279.328/MG, Rel. Min. Nefi Cordeiro, 6ª T., DJe 22/09/2014).
>
> A figura típica prevista no § 2º do art. 1º da Lei de Tortura constitui--se em crime próprio, porquanto exige condição especial do sujeito. Ou seja, é um delito que somente pode ser praticado por pessoa que, ao presenciar tortura, omite-se, a despeito do "dever de evitá-las ou apurá-las" (como é o caso do carcereiro policial). Em tais casos, a incidência da circunstância agravante prevista no art. 61, inc. II, alínea *g*, do Código Penal, e da majorante de pena estabelecida no art. 1º, § 4º, inc. I, da Lei nº 9.455/97 ("se o crime é cometido por agente público"), constitui evidente *bis in idem* na valoração da condição pessoal do sujeito ativo (STJ, HC 131.828/RJ, Rel.ª Min.ª Laurita Vaz, 5ª T., DJe 02/12/2013).

II – se o crime é cometido contra criança, gestante, portador de deficiência, adolescente ou maior de 60 (sessenta) anos;

O inc. II do § 4º do art. 1º da Lei de Tortura teve sua redação modificada pela Lei nº 10.741, de 1º de outubro de 2003, que dispôs sobre o Estatuto do Idoso.

Para que possam ser efetivamente aplicadas no terceiro momento do critério trifásico previsto pelo art. 68 do Código Penal, é preciso que a causa especial de aumento de pena tenha ingressado na esfera de conhecimento do agente. Assim, por exemplo, ele deverá, obrigatoriamente, saber que a pessoa contra quem pratica o crime de tortura é uma criança, uma gestante, alguém portador de deficiência, um adolescente ou um idoso. Caso contrário, deverá ser alegado o chamado erro de tipo, impedindo a aplicação da majorante.

Será considerado criança ou adolescente, aquele conforme o disposto no art. 2º da Lei nº 8.069, de 13 de julho de 1990 (Estatuto da Criança e do Adolescente), que diz:

> **Art. 2º** Considera-se criança, para os efeitos desta Lei, a pessoa até doze anos de idade incompletos, e adolescente aquela entre doze e dezoito anos de idade.

Sendo a vítima adolescente, incide no caso concreto a causa de aumento do inc. II do § 4º do art. 1º da Lei de Tortura. Entretanto, a simples incidência de mais de uma majorante não implica, necessariamente, em aumento do percentual de elevação da pena na terceira fase dosimétrica. Doutrina (TJ-MG, AC 1.0456.07.052651-6/001, Rel. Des. Amauri Pinto Ferreira, DJe 24/03/2015).

Gestante é a mulher que se encontra grávida, cujo período de gravidez, para efeitos penais, vai desde a *nidação*, ou seja, a implantação do óvulo já fecundado no útero materno, que ocorre 14 (quatorze) dias após a fecundação, até o início do parto.

Pessoa portadora de deficiência é aquela, segundo o art. 2º da Lei nº 13.146, de 6 de julho de 2015, que *tem impedimento de longo prazo de natureza física, mental, intelectual ou sensorial, o qual, em interação com uma ou mais barreiras, pode obstruir sua participação plena e efetiva na sociedade em igualdade de condições com as demais pessoas.*

Pessoa maior de 60 (sessenta) anos é o idoso, nos termos do art. 1º da Lei nº 10.741, de 1º de outubro de 2003 (Estatuto do Idoso).

Praticado o delito por aqueles que, na condição de cuidadores, detinham a guarda da idosa (diga-se, pessoa com doença debilitante que, depreende-se, a impedia de deambular, inclusive), caracterizada está a condição especial necessária à configuração do crime de tortura-castigo (art. 1º, inc. II, da Lei nº 9.455/97). Não prospera a pretensão de ver desclassificada a conduta para o crime de maus-tratos, se a prova oral coligida põe à mostra intenso sofrimento mental ocasionado à idosa, circunstância que basta à caracterização do crime de tortura. Aliás, cuidando-se de crime praticado contra pessoa em situação de especial vulnerabilidade (repise-se: idosa de oitenta anos de idade com frágil estado de saúde, acamada e com dificuldade de comunicação), a conduta observada como visto, os réus rotineiramente apertavam-lhe os braços, tapavam-lhe a boca com a mão, agrediam-na, desferiam socos e chutes em sua cama, negavam-lhe cuidados básicos, viravam-na bruscamente na cama, proferiam xingamentos e ameaçavam-na de agressões caso revelasse a situação tem especial potencial de abalo psíquico, não se sustentando o argumento de que o dolo presente na conduta observada pelos acusados não abrangeria a causação de intenso sofrimento à ofendida. Condenação mantida (TJ-RS, AC nº 70079743407, Rel. Des. Honório Gonçalves da Silva Neto, julg. 20/02/2019).

Conjunto probatório apto a suportar a versão restritiva. Réu que, no âmbito de entidade escolar, submete a vítima (uma criança de apenas cinco anos de idade), mediante violência e grave ameaça, a intenso sofrimento físico, consistente em queimar várias partes do seu corpo com uma ponta de cigarro, sem íntima motivação conhecida para assim proceder. Relato da vítima bem estruturado no tempo e no espaço, escoltada por relatos paralelos e por prova técnica. Exame detalhado das versões e confronto crítico dos elementos probatórios efetivado no corpo do voto, segundo a disciplina do art. 155 do CPP, dispensado o seu destaque nesta ementa. Tipo penal previsto no art. 1º, II, da Lei nº 9.455/97, que encerra a prática de crime de tortura, a qual, animada por dolo de dano, se caracteriza por "submeter alguém, sob sua guarda, poder ou autoridade, com emprego de violência ou grave ameaça, a intenso sofrimento físico ou mental, como forma de aplicar castigo pessoal ou medida de caráter preventivo". Elemento subjetivo inerente à espécie que, bem depurado segundo as circunstâncias concretas do fato, extrapola os limites de simples maus-tratos, uma vez positivada a "intenção deliberada de causar o sofrimento físico ou moral, desvinculada do objetivo de educação" (STJ). Juízos de condenação e tipicidade que não merecem ajustes. (TJ-RJ, AC 0034221-02.2014.8.19.0038, Rel. Des. Carlos Eduardo Roboredo, DJe 24/11/2015).

Não prospera a tese de ausência do elemento subjetivo do crime de tortura, com pleito desclassificatório para o crime de maus-tratos contra idoso. É que o delito do art. 99 do Estatuto do Idoso, tal como previsto na primeira forma típica, trata da mera periclitação da vida e da saúde, física ou psíquica, do idoso, com vistas a evitar que seja submetido a condições desumanas ou degradantes, podendo ser praticado por qualquer pessoa, já que o dispositivo não exige nenhuma condição especial por parte do sujeito ativo. Já a Lei de Tortura se diferencia daquele dispositivo em razão do elemento subjetivo a informar o dolo do agente, que já atinge outra dimensão, vale dizer, alcança uma proporção de maior gravidade, caracterizado especificamente pela submissão da vítima sob sua guarda, mediante o emprego de violência ou grave ameaça, a intenso sofrimento físico ou mental, como medida repressiva ou preventiva. Além disso, a figura típica prevista no inciso II da Lei de regência qualifica o sujeito ativo com atributos específicos, exigindo que a vítima esteja sob a guarda, poder ou autoridade (TJ-RJ, AC 0005158-84.2014.8.19.0052, Rel. Des. Gilmar Augusto Teixeira, DJe 23/09/2015).

III – se o crime é cometido mediante sequestro.

Para que ocorra a aplicação da majorante prevista no inc. III do art. 1º da Lei nº 9.455/97, o sequestro deve ser um meio para a prática da tortura, ou seja, o agente priva a vítima do seu direito de ir, vir ou permanecer onde bem entender para que, nela, sejam levados a efeito os atos de tortura.

Nesse caso, não poderá haver concurso de crimes, ou seja, o agente não poderá ser punido pelo crime de tortura, com sua pena especialmente agravada pelo sequestro, juntamente com o delito de sequestro, tipificado no art. 148 do Código Penal, sob pena de incorrer no *bis in idem.*

Faz-se mister ressaltar a diferença entre o crime de tortura, com a pena especialmente aumentada pelo sequestro, com o delito de sequestro qualificado, previsto pelo § 2º do art. 148 do Código Penal, onde resulta à vítima, em razão de maus-tratos ou da natureza da detenção, grave sofrimento físico ou moral.

Conforme as lúcidas lições de Cláudia Barros Portocarrero:

> "A diferença é que, no crime de sequestro do art. 148, § 2º, o resultado buscado pelo agente não é o sofrimento físico ou mental da vítima, mas apenas a privação de sua liberdade, enquanto na tortura o referido sofrimento é justamente aquilo que o agente quer causar à vítima,

com uma finalidade específica trazida pela lei que agora debatemos"[48].

> A aplicação da majorante referente à prática da tortura mediante sequestro foi devidamente fundamentada com base em elementos fáticos apurados nos autos, tendo-se em vista que as vítimas foram privadas de sua liberdade e levadas ao agente que praticou a tortura, método que extrapola a conduta abstratamente prevista no art. 1º, I, da Lei nº 9.455/97, não se verificando a dupla valoração dessa circunstância, ou constrangimento ilegal por afronta ao texto expresso em lei ou por contrariedade à evidência dos autos (STJ, AgRg no HC 442.934/RJ, Rel. Min. Nefi Cordeiro, 6ª T., DJe 24/09/2018).
>
> Tortura com um fim único. Causa de aumento de pena configurada. Da prova dos autos evidencia-se que o dolo dos agentes era obter uma mesma informação de ambas as vítimas. Crime único. Causa de aumento de pena em razão do sequestro comprovada. Vítimas que foram obrigadas a acompanhar os agressores sob a ameaça de uma arma de fogo (TJ-RJ, AC 0337338-73.2013.8.19.0001, Rel.ª Des.ª Maria Angelica Guedes, DJe 15/12/2015).
>
> O *modus operandi* empregado pelo agente no delito de tortura, com o fim de obter informação patrimonial da vítima, bem como os choques aplicados pelo contato dos pés da vítima com o piso molhado exposto à corrente elétrica, ou mesmo as ameaças de que iriam jogar seu filho em um poço não constituem fundamentos idôneos à exasperação da pena-base, na medida em que não extrapolam a conduta abstratamente prevista no art. 1º, I, da Lei nº 9.455/97. Ainda que correta a maior gravidade da conduta do paciente quanto ao delito de tortura – uma vez que praticada mediante sequestro –, na espécie, diante da condenação concomitante do paciente pelo delito de extorsão mediante sequestro, reputa-se indevida a aplicação da referida causa de aumento de pena, prevista no § 4º, III, do art. 1º da Lei nº 9.455/97 (se o crime é cometido mediante sequestro), sob pena de *bis in idem* (STJ, HC 213.488/SP, Rel. Min. Nefi Cordeiro, 6ª T., DJe 07/12/2015).

12. EFEITOS DA CONDENAÇÃO

O § 5º do art. 1º da Lei nº 9.455/97 prevê os efeitos da condenação, dizendo:

---

48 PORTOCARRERO, Cláudia Barros. *Lei penais especiais comentadas para concursos*, p. 236.

> § 5º A condenação acarretará a perda do cargo, função ou emprego público e a interdição para seu exercício pelo dobro do prazo da pena aplicada.

Cargo, na precisa definição de Celso Antônio Bandeira de Mello:

> "São as mais simples e indivisíveis unidades de competência a serem expressadas por um agente, previstas em número certo, com denominação própria, retribuídas por pessoas jurídicas de direito público e criadas por lei"[49].

Função pública é aquela exercida pelo servidor público ou não, mas desde que realizada no interesse da Administração Pública. O particular, agindo nessa condição, é considerado funcionário público por equiparação, extensão ou assimilação, nos termos do art. 327 do Código Penal.

Empregos públicos são, conforme preleciona Celso Antônio Bandeira de Mello "núcleos de encargos de trabalho a serem preenchidos por agentes contratados para desempenhá-los, sob relação trabalhista"[50].

A primeira discussão reside no fato de se saber se os mencionados efeitos da condenação são considerados como genéricos, não havendo necessidade de serem declarados na sentença penal condenatória, ou são específicos, havendo, consequentemente, necessidade de serem expressamente declarados, tal como ocorre, respectivamente, com os arts. 91, 91-A e 92 do Código Penal.

Entendemos que a perda do cargo, função ou emprego público, bem como a interdição para seu exercício pelo dobro do prazo da pena aplicada, em virtude da redação constante do aludido § 5º, são uma consequência necessária e automática em razão da condenação pela prática do crime de tortura, não podendo o julgador deixar de aplicá-las.

Assim, mesmo na hipótese em que a decisão condenatória seja silente com relação a esse ponto específico, ou seja, a declaração de perda do cargo, função ou emprego público, bem como a interdição para seu exercício pelo dobro do prazo da pena aplicada, deverá a Administração Pública, após o trânsito em julgado da sentença penal condenatória, aplicar o § 5º do art. 1º da Lei nº 9.455/97.

---

49 BANDEIRA DE MELLO, Celso Antônio . *Curso de direito administrativo*, p. 126/127.

50 BANDEIRA DE MELLO, Celso Antônio. *Curso de direito administrativo*, p. 127.

A jurisprudência deste Superior Tribunal de Justiça firmou entendimento no sentido de a determinação da perda do cargo ou da função pública em razão de condenação criminal, com exceções feitas quanto ao crime de tortura, não é automática, demanda fundamentação específica (STJ, AgRg no AREsp 651.360/RJ, Rel. Min. Reynaldo Soares da Fonseca, 5ª T., DJe 11/11/2015).

Não há falar em nenhum vício no acórdão embargado, uma vez que decidiu a questão recursal com a devida fundamentação, sufragando o entendimento quanto à ausência de violação do princípio da *reformatio in pejus*, concluindo, ainda, que a pena de perda de cargo público foi devidamente aplicada em primeiro grau, sendo efeito da condenação pela prática do crime de tortura, conforme previsto no art. 1º, § 5º, da Lei nº 9.455/97 (STJ, EDcl no AgRg nos EDcl no REsp 1255032/SE, Rel. Min. Nefi Cordeiro, 6ª T., DJe 19/10/2015).

Conforme entendimento que se assentou nesta Corte Superior, a perda de cargo, função pública ou mandato eletivo, prevista no art. 92, I, do Código Penal, não é efeito automático da condenação, de forma que a sua incidência demanda fundamentação expressa e específica, à exceção do crime de tortura (STJ, HC 448.667/RJ, Rel. Min. Felix Fischer, 5ª T., DJe 08/10/2018).

A lei de tortura é impositiva a respeito da consequência da perda do cargo na hipótese de condenação, motivo pelo qual dispensa qualquer argumento específico para sua aplicação (TJ-MG, AC 1.0040.04.023018-3/001, Rel. Des. Eduardo Machado, DJe 20/02/2015).

A condenação de policiais militares pela prática do crime de tortura, por ser crime comum, tem como efeito automático a perda do cargo, função ou emprego público, por força do disposto no art. 1º, § 5º, da Lei nº 9.455/97. É inaplicável a regra do art. 125, § 4º, da Carta Magna, por não se tratar de crime militar. Precedentes (STF, ARE 799.102 AgR-segundo/RN, Rel. Min. Luiz Fux, 1ª T., DJe 09/02/2015).

A perda do cargo, função ou emprego público – que configura efeito extrapenal secundário – constitui consequência necessária que resulta, automaticamente, de pleno direito, da condenação penal imposta ao agente público pela prática do crime de tortura, ainda que se cuide de integrante da Polícia Militar, não se lhe aplicando, a despeito de tratar-se de Oficial da Corporação, a cláusula inscrita no art. 125, § 4º, da Constituição da República. Doutrina. Precedentes (STF, AI 769.637 AgR-ED-ED/MG, Rel. Min. Celso de Mello, 2ª T., DJe 16/10/2013).

Há, no entanto, discussão doutrinária no sentido de que, em se tratando da infração penal prevista pelo § 2º do art. 1º da Lei de Tortura, como a pena ali cominada é de detenção, deveria o julgador motivar sua decisão, aplicando ou não esse efeito da condenação.

De acordo com as lições de Sheila Bierrenbach, com as quais concordamos:

> "Parte da doutrina entende inaplicáveis tais efeitos, no caso de condenação pela prática dos delitos previstos no parágrafo 2º. A nosso juízo, improcede a posição. Como já acentuado, a prática omissiva da conduta tem a mesma carga de ilicitude das modalidades comissivas. Concordamos, todavia, com a inaplicabilidade, no que concerne ao agente que omite a apuração do delito"[51].

Ainda dispõe a parte final do § 5º do art. 1º da Lei nº 9.455/97 que a condenação acarretará a interdição para o exercício do cargo, função ou emprego público pelo dobro do prazo da pena aplicada. Assim, por exemplo, imagine-se a hipótese em que o agente tenha sido condenado a uma pena de 5 (cinco) anos de reclusão. Dessa forma, somente após o decurso do prazo de 10 (dez) anos é que poderá voltar a ocupar um cargo, ou a exercer uma função, ou trabalhar em um emprego público.

Como bem observado por Rogério Sanches Cunha:

> "Reconhece-se o acerto do legislador ao limitar o tempo de interdição (o dobro da pena aplicada), por não existir no nosso ordenamento nenhuma pena de caráter perpétuo. Logo, decorrido o prazo, o condenado poderá assumir novo cargo, emprego ou função, porém jamais reintegrar-se na situação anterior (apesar do silêncio da lei, trata-se de decorrência lógica do art. 93, parágrafo único do CP)"[52].

O efeito da condenação relativo à perda de cargo público, previsto no art. 92, inc. I, alínea *b*, do Código Penal, não se aplica ao servidor público inativo, uma vez que ele não ocupa cargo e nem exerce função pública. O rol do art. 92 do Código Penal é taxativo, não sendo possível a ampliação ou flexibilização da norma, em evidente prejuízo do réu, restando vedada qualquer interpretação extensiva ou analógica dos

---

51 BIERRENBACH, Sheila. *Comentários à lei de tortura*, p. 79/80.
52 CUNHA, Rogério Sanches. *Legislação criminal especial*, p. 1059.

> efeitos da condenação nele previstos. Configurando a aposentadoria ato jurídico perfeito, com preenchimento dos requisitos legais, é descabida sua desconstituição, desde logo, como efeito extrapenal específico da sentença condenatória; não se excluindo, todavia, a possibilidade de cassação da aposentadoria nas vias administrativas, em procedimento próprio, conforme estabelecido em lei (STJ, REsp 1.317.487/MT, Rel.ª Min.ª Laurita Vaz, 5ª T., DJe 22/08/2014).

13. PROIBIÇÃO DE CONCESSÃO DE FIANÇA, GRAÇA OU ANISTIA

Atendendo ao disposto no inc. XLIII do art. 5º da Constituição Federal, o § 6º do art. 1º da Lei nº 9.455/97, assevera:

> § 6º O crime de tortura é inafiançável e insuscetível de graça ou anistia.

A fiança, conforme as lúcidas lições de Renato Marcão, espécie ligada ao:

> "Gênero liberdade provisória, é uma garantia real que se presta como contracautela de escorreita prisão em flagrante leva a efeito, com a finalidade de ver restituída a liberdade do autuado e para que assim permaneça durante o transcurso da investigação policial e de eventual processo criminal relacionados ao delito que se lhe imputa.
>
> Pode ser efetivada mediante pagamento em dinheiro ou entrega de bens e valores"[53].

O inc. II do art. 323 do Código de Processo Penal, com a nova redação que lhe foi conferida pela Lei nº 12.403, de 4 de maio de 2011, da mesma forma que o inc. XLIII do art. 5º da Constituição Federal e o § 6º do art. 1º da Lei nº 9.455/97, diz que:

> **Art. 323.** Não será concedida fiança:
>
> I – (...);
>
> II – nos crimes de tortura, tráfico ilícito de entorpecentes e drogas afins, terrorismo e nos definidos como crimes hediondos.

---

53 MARCÃO, Renato. *Código de processo penal comentado*, p. 857.

Embora esteja vedada a concessão de fiança, nada impede seja concedida ao agente liberdade provisória, sem fiança, nos termos do art. 310 do CPPcom a nova redação que lhe foi conferida pela Lei nº 13.964, de 24 de dezembro de 2019, que diz:

> Art. 310. Após receber o auto de prisão em flagrante, no prazo máximo de até 24 (vinte e quatro) horas após a realização da prisão, o juiz deverá promover audiência de custódia com a presença do acusado, seu advogado constituído ou membro da Defensoria Pública e o membro do Ministério Público, e, nessa audiência, o juiz deverá, fundamentadamente:
>
> I – relaxar a prisão ilegal; ou
>
> II – converter a prisão em flagrante em preventiva, quando presentes os requisitos constantes do art. 312 deste Código, e se revelarem inadequadas ou insuficientes as medidas cautelares diversas da prisão; ou
>
> III – conceder liberdade provisória, com ou sem fiança.

Vide discussão que levamos a efeito quando do estudo da Lei de Crimes Hediondos, para não sermos repetitivos, uma vez que se amolda também à lei penal especial em estudo.

Graça e anistia são causas extintivas da punibilidade previstas no inc. II do art. 107 do Código Penal.

Graça é a faculdade concedida ao Presidente da República para conceder o *perdão individual* àquele que praticou determinada infração penal.

Nos termos do art. 188 da Lei de Execução Penal, a graça, modernamente conhecida como *indulto individual*, poderá ser provocada por petição do condenado, por iniciativa do Ministério Público, do Conselho Penitenciário ou da autoridade administrativa, sendo que a petição, acompanhada dos documentos que a instruírem, será entregue ao Conselho Penitenciário para a elaboração de parecer e posterior encaminhamento ao Ministério da Justiça (art. 189 da LEP).

Ao contrário do que ocorreu na Lei nº 8.072/90, onde existe previsão expressa no sentido de se proibir a concessão de indulto, a Lei nº 9.455/97 não fez menção a ele. Assim, pergunta-se: Seria possível a concessão de indulto para as infrações penais previstas na Lei nº 9.455/97? Aqui, duas correntes se formaram.

A primeira delas entende não ser possível a concessão do indulto, mesmo não tendo a Lei de Tortura se referido a ele expressamente. Nesse sentido, esclarece Guliherme de Souza Nucci que:

> "Onde se lê graça, deve-se ler igualmente *indulto*, pois este nada mais é do que o perdão coletivo (igualmente concedido pelo Presidente da República, por decreto, a quem queira). Aliás, não fosse essa a melhor interpretação e o Presidente não poderia conceder graça, pois esta modalidade de perdão não está elencada dentre as suas atribuições (o art. 84 da CF menciona somente indulto e comutação). Mas, por certo, tanto pode o Chefe do Executivo conceder um (graça) como o outro (indulto) – e assim vem sendo feito desde a edição da Constituição de 1988. Logo, é vedada a concessão tanto de um (graça) quanto de outro (indulto) à tortura, por força do art. 5º, XLIII, da CF"[54].

A teor do art. 5º, inc. XLIII, da Constituição da República "a lei considerará crimes inafiançáveis e insuscetíveis de graça ou anistia a prática da tortura, o tráfico ilícito de entorpecentes e drogas afins, o terrorismo e os definidos como crimes hediondos, por eles respondendo os mandantes, os executores e os que, podendo evitá--los, se omitirem". Nos termos da assentada jurisprudência do STJ, a graça constitui gênero no qual está inserido o indulto, portanto, também alcançado pela vedação constitucional, disposta no art. 5º, inc. XLIII. Precedentes (STJ, HC 458.735/MG, Rel.ª Min.ª Laurita Vaz, 5ª T., DJe 23/10/2018).

Concessão do indulto humanitário que *in casu* também é vedada pelo caráter hediondo dos delitos cometidos pelo apenado, consoante estabelece o art. 5º, inc. XLIII, da Constituição Federal, que igualmente proíbe a concessão da benesse a indivíduos condenados pela prática de tortura (TJ-RS, Ag. 70067137703, Rel. Des. André Luiz Planella Villarinho, julg. 16/12/2015).

---

54 NUCCI, Guilherme de Souza. *Leis penais e processuais penais comentadas*, p. 744.

Em sentido contrário, entendendo pela possibilidade de concessão de indulto, Ricardo Antonio Andreucci aduz que:

> "Muito embora a tortura seja considerada crime assemelhado a hediondo (art. 2º da Lei nº 8.072/90), não cabendo, neste último caso, "anistia, graça e indulto' (inciso I), é certo que a Lei de Tortura, posterior, específica, vedou apenas a concessão de 'graça ou anistia', silenciando a respeito do indulto, o que revela o intuito do legislador de permitir tal benefício"[55].

Infelizmente, na verdade, não se trata de que essa omissão revele a "vontade do legislador", mas sim, como estamos acostumados a ver em nossa legislação como um todo, mais um dos erros do nosso Congresso Nacional. No entanto, é princípio básico de hermenêutica que as normas restritivas de direito se interpretam restritivamente, não se podendo, portanto, ampliá-las. Assim, mesmo a contragosto, devemos entender, por mais absurda que a hipótese possa parecer, que, em razão da omissão do legislador, em tema específico sobre tortura, será possível a concessão de indulto.

Pela *anistia*, o Estado renuncia ao seu *ius puniendi*, perdoando a prática de infrações penais que, normalmente, têm cunho político. A regra, portanto, é de que a anistia se dirija aos chamados crimes políticos. Contudo, nada impede que a anistia também seja concedida a crimes comuns.

A concessão da anistia é de competência da União, conforme preceitua o art. 21, XVII, da Constituição Federal, e se encontra no rol das atribuições do Congresso Nacional, sendo prevista pelo art. 48, VIII, de nossa Lei Maior. Pode ser concedida antes ou depois da sentença penal condenatória, sempre retroagindo a fim de beneficiar os agentes. Segundo Aloysio de Carvalho Filho:

> "A anistia pode ser concedida em termos *gerais* ou *restritos*. Quando a anistia restrita exclui determinados fatos, ou determinados indivíduos, ou grupos, ou classes de indivíduos, diz-se *parcial*; quando estabelece cláusulas para a fruição do benefício, diz-se *condicional*. A anistia geral ou absoluta não conhece exceção de crimes ou de pessoas, nem se subordina a limitações de qualquer espécie."[56]

---

55 ANDREUCCI, Ricardo Antônio. *Legislação penal especial*, p. 662.
56 CARVALHO FILHO, Aloysio de. *Comentários ao código penal*, v. IV, p. 126.

De acordo com o art. 2º, I, da Lei nº 8.072/90, os crimes hediondos, a prática de tortura, o tráfico ilícito de entorpecentes e drogas afins e o terrorismo são insuscetíveis de anistia.

O art. 187 da Lei de Execução Penal determina:

> **Art. 187.** Concedida a anistia, o juiz, de ofício, a requerimento do interessado ou do Ministério Público, por proposta da autoridade administrativa ou do Conselho Penitenciário, declarará extinta a punibilidade.

A anistia ainda pode ser reconhecida como:

a) *própria*, quando concedida anteriormente à sentença penal condenatória;

b) *imprópria*, quando concedida após a sentença penal condenatória transitada em julgado.

No que diz respeito ao crime de tortura, torna-se impossível a concessão de anistia em virtude do disposto no inc. XLIII do art. 5º da Constituição Federal, bem como do § 6º do art. 1º da Lei nº 9.455/97.

14. REGIME INICIAL DE CUMPRIMENTO DA PENA

Determina o § 7º do art. 1º da Lei nº 9.455/97 que:

> § 7º O condenado por crime previsto nesta Lei, salvo a hipótese do § 2º, iniciará o cumprimento da pena em regime fechado.

Sete anos após a edição da Lei nº 8.072/90, surgiu em nosso ordenamento jurídico a Lei nº 9.455, de 7 de abril de 1997, definindo o crime de tortura e trazendo outras providências.

Nos incs. I e II do art. 1º da referida lei, o legislador descreveu os fatos que se configuravam em tortura, cominando-lhes uma pena de reclusão de dois a oito anos. Criou o delito de tortura qualificada (§ 3º) quando da tortura resultar lesão corporal de natureza grave (reclusão de quatro a dez anos) ou morte (reclusão de oito a dezesseis anos). Atendendo ao disposto no art. 5º, XLIII, da Constituição Federal, o § 6º da aludida lei dispõe que o crime de tortura é inafiançável e insuscetível de graça ou anistia.

Embora a prática da tortura estivesse prevista na Lei nº 8.072/90 como uma infração penal afim àquelas consideradas como hediondas, a Lei nº 9.455/97, quebrando a regra anteriormente destinada aos crimes daquela natureza, que impunha o cumprimento *integral* da pena em regime fechado, determinou no § 7º do seu art. 1º que o condenado pelos delitos por ela previstos *iniciaria* o cumprimento da pena em regime fechado.

> Em face do princípio da especialidade, os condenados pelo crime de tortura, devem cumprir a pena em regime inicial fechado, conforme disposto no art. 1º, § 7º, da Lei nº 9.455/97. Precedentes do Superior Tribunal de Justiça (STJ, HC 113.733/SP, Rel.ª Min.ª Laurita Vaz, 5ª T., DJe 06/12/2010).

Em virtude dessa nova redação, que impunha tão somente como *inicial* o regime fechado, vozes abalizadas se levantaram no sentido de apregoar que a Lei de Tortura, posterior à Lei nº 8.072/90, havia derrogado esta última no que dizia respeito ao regime de cumprimento de pena. A partir daquele momento, seria obrigatório o *regime inicial fechado*. Contudo, aberta estaria a possibilidade de progressão, já que a Lei nº 9.455/97 determinava que a pena seria cumprida *inicialmente* em regime fechado, dando a entender pela possibilidade da progressão, ao contrário da Lei nº 8.072/90. Em sentido contrário, outra corrente se formou, afirmando que a possibilidade de progressão era específica para os crimes de tortura, não se dirigindo às demais infrações penais previstas pela Lei nº 8.072/90.

> A Lei nº 9.455/97, que determinou o regime inicialmente fechado para o cumprimento da pena para os crimes de tortura, não tem aplicabilidade nos demais delitos previstos no art. 1º da Lei nº 8.072/90, porque não houve revogação do art. 2º, § 1º, dessa Lei, e nem extensão da Lei nº 9.455/97 no que concerne ao regime de pena (STF, AI 768.591 AgR/RS, Rel. Min. Luiz Fux, 1ª T., DJe 26/04/2013).

Hoje, após o julgamento levado a efeito pelo Supremo Tribunal Federal, que, na sessão extraordinária realizada no dia 27 de junho de 2012, concedeu o *Habeas Corpus* (HC) nº 111.840 e declarou, incidentalmente, a inconstitucionalidade do § 1º do art. 2º da Lei nº 8.072/90, com redação dada pela Lei nº 11.464/2007, que previa que a pena por crime previsto naquele artigo seria cumprida, inicialmente, em regime fechado, perdeu o sentido a discussão, devendo, agora, o julgador, fundamentadamente, determinar o regime inicial de cumprimento de pena para o delito de tortura, que poderá ser outro, diverso do regime fechado.

Deve ser frisado que, de acordo com a nova redação dada ao art. 112 da LEP pela Lei nº 13.964, de 24 de dezembro de 2019, a progressão para o condenado pelo crime de tortura ocorrerá da seguinte forma:

> Art. 112. A pena privativa de liberdade será executada em forma progressiva com a transferência para regime menos rigoroso, a ser determinada pelo juiz, quando o preso tiver cumprido ao menos:
>
> [...]
>
> V – 40% (quarenta por cento) da pena, se o apenado for condenado pela prática de crime hediondo ou equiparado, se for primário;
>
> VI – 50% (cinquenta por cento) da pena, se o apenado for:
>
> a) condenado pela prática de crime hediondo ou equiparado, com resultado morte, se for primário, vedado o livramento condicional;
>
> [...]
>
> VII – 60% (sessenta por cento) da pena, se o apenado for reincidente na prática de crime hediondo ou equiparado;
>
> VIII – 70% (setenta por cento) da pena, se o apenado for reincidente em crime hediondo ou equiparado com resultado morte, vedado o livramento condicional.

O Superior Tribunal de Justiça alinhou-se ao entendimento do Supremo Tribunal Federal sobre a inconstitucionalidade da norma disposta no § 1º do art. 2º da Lei nº 8.072/90 (STF, HC 111.840/ES, Rel. Min. Dias Toffoli, Tribunal Pleno, julg. 27/6/2012), passando a inadmitir a fixação do regime inicial fechado com base na mera fundamentação *ope legis*, aos condenados por crimes hediondos ou a ele assemelhados. Em analogia a esse entendimento, de rigor a sua aplicação para que a fixação do regime inicial do crime de tortura ocorra nos moldes do art. 33, §§ 2º e 3º, do Código Penal, porquanto o art. 1º, § 7º, da Lei nº 9.455/97 expõe norma idêntica à do § 1º do art. 2º da Lei nº 8.072/90 (STJ, HC 378.456/SP, Rel. Min. Ribeiro Dantas, 5ª T., DJe 11/10/2017).

Em que pese o teor do § 7º, art. 1º da Lei nº 9.455/97, o e. STF consolidou o entendimento de que nas condenações por crimes hediondos ou equiparados não há falar em obrigatoriedade de imposição do regime inicialmente fechado (HC nº 111.840/ES). Assim, por ser equiparado a crime hediondo, nos termos do art. 2º, *caput* e § 1º, da Lei nº 8.072/90, é evidente que tal interpretação também deva ser aplicada ao crime de tortura, sendo o caso, então, de se desconsiderar a regra disposta no art. 1º, § 7º, da Lei nº 9.455/97, que possui a mesma disposição da norma declarada inconstitucional. Todavia, o *modus operandi* na prática do delito, impõe o estabelecimento de regime mais gravoso, ao se considerar a tenra idade da vítima, e ainda tendo em vista o meio empregado na tortura (emprego de fogo), circunstâncias essas que demonstram a gravidade concreta do delito. Dessa forma, tendo em vista a forma como o crime foi cometido, demonstra que o regime inicial aberto não seria suficiente para a reprovação e a prevenção do delito. Com efeito, a interpretação mais lógica do sistema, sobretudo diante da progressividade prevista no próprio § 2º do art. 33 do CP, é a de que, não fazendo jus ao regime aberto, deve-lhes ser fixado o regime imediatamente mais gravoso, qual seja, o semiaberto (TJ-RJ, AC 0033593-95.2012.8.19.0001, Rel. Des. Siro Darlan de Oliveira, DJe 08/03/2016).

A obrigatoriedade do regime inicial fechado prevista na Lei do Crime de Tortura foi superada pela Suprema Corte, de modo que a mera natureza do crime não configura fundamentação idônea a justificar a fixação do regime mais gravoso para os condenados pela prática de crimes hediondos e equiparados. Para estabelecer o regime prisional, deve o magistrado avaliar o caso concreto, seguindo os parâmetros estabelecidos pelo art. 33 e parágrafos do Código Penal. Tratando-se de pacientes primários, com circunstâncias judiciais favoráveis, que levaram à fixação da pena-base no mínimo legal, e diante do *quantum* da pena final, inferior a quatro anos, de rigor a fixação do regime prisional aberto. A substituição da pena por medidas restritivas de direitos não é cabível, nos termos do art. 44, I, do Código Penal, pois o delito foi cometido mediante violência (STJ, HC 333.905/MG, Rel.ª Min.ª Maria Thereza de Assis Moura, 6ª T., DJe 07/10/2015).

A obrigatoriedade do regime inicial fechado prevista na Lei do Crime de Tortura foi superada pela Suprema Corte, de modo quea mera natureza do crime não configura fundamentação idônea a justificar a fixação do regime mais gravoso para os condenados pela prática de crimes hediondos e equiparados, haja vista que, para estabelecer o regime prisional, deve o magistrado avaliar o caso concreto de acordo com os parâmetros estabelecidos pelo art. 33 e parágrafos do Código Penal (STJ, AgRg no AREsp 272.656/RO, Rel. Min. Ericson Maranho – Desembargador convocado do TJSP, 6ª T., DJe 04/09/2015).

Para o Supremo Tribunal Federal, "se a Constituição Federal menciona que a lei regulará a individualização da pena, é natural que ela exista. Do mesmo modo, os critérios para a fixação do regime prisional inicial devem-se harmonizar com as garantias constitucionais, sendo necessário exigir-se sempre a fundamentação do regime imposto, ainda que se trate de crime hediondo ou equiparado". À luz dessas premissas, declarou, incidentalmente, a inconstitucionalidade do § 1º do art. 2º da Lei nº 8.072/1990 (HC nº 111.840/ES, Rel. Min. Dias Toffoli). Consequentemente, se satisfeitos os pressupostos legais, aos réus condenados por crime de tortura não podem ser negados o regime prisional aberto ou semiaberto (AgRg no AREsp 629.324/SP, Rel.ª Min.ª Maria Thereza de Assis Moura, 6ª T., julg. 24/02/2015; HC nº 297.688/SP, Rel. Min. Gurgel de Faria, 5ª T., julg. 11/11/2014). *Habeas corpus* não conhecido. Ordem concedida, de ofício, para estabelecer o regime aberto para cumprimento da pena privativa de liberdade (STJ, HC nº 262.536/RN, Rel. Min. Newton Trisotto – Desembargador convocado do TJSC, 5ª T., DJe 12/05/2015).

O Plenário do Supremo Tribunal Federal afastou a obrigatoriedade do regime inicial fechado para os condenados por crimes hediondos e equiparados. Consideradas favoráveis as circunstâncias judiciais do caso concreto, cabível aplicar o regime prisional menos gravoso, atendendo-se ao disposto no art. 33, § 2º, *c*, c/c o art. 59 do Código Penal (STJ, AgRg no AREsp 198.172/SP, Rel. Min. Sebastião Reis Junior, 6ª T., DJe 11/03/2015).

15. EXTRATERRITORIALIDADE

Dispondo sobre a extraterritorialidade, determina o art. 2º da Lei nº 9.455/97:

> Art. 2º O disposto nesta Lei aplica-se ainda quando o crime não tenha sido cometido em

território nacional, sendo a vítima brasileira ou encontrando-se o agente em local sob jurisdição brasileira.

Cuida-se, *in casu*, de duas hipóteses da chamada extraterritorialidade incondicionada, mais abrangente do que aquela prevista no art. 7º do Código Penal, tendo em vista que o mencionado art. 2º não exige qualquer condição para a punição daquele que praticou o delito de tortura fora do território nacional, a saber:

a) a vítima da tortura ser brasileira, não importando se nata, naturalizada ou mesmo se possui dupla cidadania;

b) que o agente que praticou a tortura o tenha feito em algum local, no exterior, que esteja sob a jurisdição brasileira, a exemplo das embaixadas.

Conforme preconiza Rogério Sanches Cunha:

> "É evidente que o escopo do legislador foi o de garantir a punição da prática repulsiva da tortura independentemente da localização da vítima (sendo ela brasileira) ou da nacionalidade do agente (estando ele sob jurisdição brasileira). Todavia, essa regra nada modifica as hipóteses de extraterritorialidade já previstas no art. 7º do CP, que no § 3º determina a aplicação da lei brasileira também ao crime cometido por estrangeiro contra brasileiro fora do Brasil, se não foi pedida a extradição ou se houve requisição do Ministro da Justiça, se reunidas as condições do § 2º.
>
> A única diferença existente entre as duas disposições legais é a de que, na Parte Geral, a extraterritorialidade é condicionada, enquanto na Lei nº 9.455/97 nenhuma condição é prevista para a aplicação da lei brasileira no exterior. Essa distinção, alias, é o que justifica a previsão da extraterritorialidade na Lei Especial, pois que, do contrário, seria apenas uma repetição inútil"[57].

A lei penal brasileira pode ser aplicada ao crime de tortura cometido no exterior, por agentes estrangeiros, contra vítimas brasileiras, tanto por força do art. 7º, II, *a*, § 2º, do Código Penal, como por força

---

57 CUNHA, Rogério Sanches. *Legislação criminal especial*, p. 1.060/1.061.

> do art. 2º da Lei nº 9.455/97. A competência da jurisdição federal se dá em caso de crime à distância previsto em tratado internacional, o que não ocorre quando o crime por inteiro se verifica no estrangeiro (STJ, CC 107.397/DF, Rel. Min. Nefi Cordeiro, S3, DJe 1º/10/2014).
>
> A própria natureza do crime de tortura autoriza a adoção do princípio da extraterritorialidade da lei incriminadora. Extraterritorialidade que também é autorizada tanto pelo art. 14 do Direito Penal israelense quanto pelo art. 7º do Código Penal brasileiro. Tudo combinado com a parte final do inc. I do art. 78 do Estatuto do Estrangeiro, ao estabelecer, como condição para o deferimento da extradição, "serem aplicáveis ao extraditando as leis penais" do Estado requerente (STF, Ext 1.122/Estado de Israel, Rel. Min. Carlos Britto, Pleno, DJe 28/08/2009, RTJ, v. 217, p. 64).

16. PENA, AÇÃO PENAL, SUSPENSÃO CONDICIONAL DO PROCESSO, COMPETÊNCIA PARA JULGAMENTO

A pena cominada para o delito de *tortura simples* é de reclusão, de dois a oito anos.

Em se tratando de *tortura qualificada* pela lesão corporal grave ou gravíssima, a pena será de reclusão, de quatro a dez anos; se resultar em morte, a pena será de reclusão, de oito a dezesseis anos, nos termos do § 3º do art. 1º da Lei nº 9.455/97.

Se o crime for praticado via *omissão*, imprópria ou própria, conforme prevê o § 2º do art. 1º da Lei de Tortura, a pena será de detenção, de um a quatro anos.

De acordo com o § 4º do art. 1º da Lei nº 9.455/97, a pena aumenta-se de um sexto até um terço:

> I – se o crime é cometido por agente público;
>
> II – se o crime é cometido contra criança, gestante, portador de deficiência, adolescente ou maior de 60 (sessenta) anos;
>
> III – se o crime é cometido mediante sequestro.

A ação penal é de iniciativa pública incondicionada.

Será possível proposta de suspensão condicional do processo, nos termos do art. 89 da Lei nº 9.099/95 para as hipóteses omissivas, previstas no § 2º do art. 1º da Lei de Tortura, desde que não estejam presentes quaisquer das majorantes elencadas no § 4º do art. 1º da Lei nº 9.455/97.

Dependendo do caso concreto, caberá à Justiça Estadual ou mesmo à Justiça Federal a apuração e julgamento do crime de tortura. Assim, por exemplo, se o fato for cometido por um policial civil, a competência será da Justiça Comum Estadual; por outro lado, se for praticado por um agente da Polícia Federal, a competência será da Justiça Federal. Para efeitos de determinação de competência da Justiça Federal, deverá ser observado, ainda, o art. 109 da nossa Lei Maior.

> A Justiça Federal é competente, conforme disposição do inc. V do art. 109 da Constituição da República, quando se tratar de infrações previstas em tratados ou convenções internacionais, como é caso do racismo, previsto na Convenção Internacional sobre a Eliminação de todas as Formas de Discriminação Racial, da qual o Brasil é signatário, assim como nos crimes de guarda de moeda falsa, de tráfico internacional de entorpecentes, de tráfico de mulheres, de envio ilegal e tráfico de menores, de tortura, de pornografia infantil e pedofilia e corrupção ativa e tráfico de influência nas transações comerciais internacionais (STJ, RHC 85.605/RJ, Rel. Min. Reynaldo Soares da Fonseca, 5ª T., DJe 02/10/2017).
>
> Nos crimes definidos na Lei de Tortura há óbice à substituição da pena privativa de liberdade por restritivas de direitos, com base no art. 44, inc. I, do Código Penal (STJ, HC 131.828/RJ, Rel.ª Min.ª Laurita Vaz, 5ª T., DJe 02/12/2013).
>
> É da competência da Justiça Comum a decretação da perda do cargo público, já que o crime de tortura não possui correspondência no Código Militar (TJ-MG, AC 1.0106.01.000989-7/001, Rel. Des. Fernando Starling, DJe 06/10/2009).

17. DESTAQUES

17.1. Tortura praticada por policial militar

Tendo em vista a ausência de tipo penal específico no Código Penal Militar, aplica-se ao policial militar a Lei nº 9.455/97, desde que tenha praticado qualquer dos comportamentos previstos no art. 1º do referido diploma legal, incidindo, ainda, a causa especial de aumento de pena prevista no inc. I do § 4º do referido art. 1º, tendo em vista tratar-se de agente público.

O crime de tortura, tipificado na Lei nº 9.455/97, não se qualifica como delito de natureza castrense, achando-se incluído, por isso mesmo, na esfera de competência penal da Justiça comum (federal ou local, conforme o caso), ainda que praticado por membro das Forças Armadas ou por integrante da Polícia Militar. Doutrina. Precedentes (STF, AI 769.637 AgR-ED-ED/MG, Rel. Min. Celso de Mello, 2ª T., DJe 16/10/2013).

Praticam crime de tortura os policiais militares que agridem, desproporcionalmente, a vítima como forma de castigá-la por insistência em satisfazer suas necessidades biológicas, vindo esta a falecer em virtude do sofrimento físico suportado (TJ-MG, AC 1.0394.11.000136-6/001, Rel. Des. Cássio Salomé, DJe 29/06/2012).

Em se tratando de condenação de oficial da Polícia Militar pela prática do crime de tortura, sendo crime comum, a competência para decretar a perda do oficialato, como efeito da condenação, é da Justiça Comum. O disposto no art. 125, § 4º, da Constituição Federal refere-se à competência da Justiça Militar para decidir sobre a perda do posto e da patente dos oficiais e da graduação das praças quando se tratar de crimes militares definidos em lei. Precedente (STF, AI 769.637 AgR/MG, Rel. Min. Joaquim Barbosa, 2ª T., DJe 22/05/2012).

O crime de tortura contra criança ou adolescente, cuja prática absorve o delito de lesões corporais leves, submete-se à competência da Justiça comum do Estado-membro, eis que esse ilícito penal, por não guardar correspondência típica com qualquer dos comportamentos previstos pelo Código Penal Militar, refoge à esfera de atribuições da Justiça Militar estadual (STF, HC 70.389/SP, Rel. Min. Celso de Mello, Tribunal Pleno, Ement. v. 2.038/02, p. 186).

Tem competência a Justiça Comum Estadual para processar e julgar os crimes de tortura, abuso de autoridade, denunciação caluniosa, ameaça e falso testemunho, praticados por policiais militares no exercício de suas funções, ainda que essas condutas também estejam sendo apuradas pela Justiça Militar, pois nos crimes militares e nos previstos na legislação penal comum, cometidos simultaneamente, aplica-se o entendimento consolidado nas Súmula 90 e 172 do STJ, não restando configurado *o bis in idem* (STJ, HC 106.046/SC, Rel. Min. Adilson Vieira Macabu – Desembargador convocado do TJ-RJ, 5ª T., DJe 27/04/2012).

17.2. Exame pericial

Dependendo da hipótese, o crime de tortura poderá ser considerado como um crime *transeunte* e, também, *não transeunte*, ou seja, que pode ou não deixar vestígios.

Assim, somente mediante a análise do caso concreto é que se poderá verificar a exigência ou não do exame de corpo de delito, nos termos dos arts. 158 e 167 do CPP, que dizem, *verbis*:

> **Art. 158.** Quando a infração deixar vestígios, será indispensável o exame de corpo de delito, direto ou indireto, não podendo supri-lo a confissão do acusado.
>
> Parágrafo único. Dar-se-á prioridade à realização do exame de corpo de delito quando se tratar de crime que envolva:
>
> I – violência doméstica e familiar contra mulher;
>
> II – violência contra criança, adolescente, idoso ou pessoa com deficiência.
>
> **Art. 167.** Não sendo possível o exame de corpo de delito, por haverem desaparecido os vestígios, a prova testemunhal poderá suprir-lhe a falta.

Caso existam elementos a indicarem a prática de ocultação de cadáver, ainda que não tenha havido denúncia quanto a tal crime, não se revela razoável exigir a localização do corpo da vítima, sendo possível reconhecer a prática de crime de tortura com esteio em outros elementos comprobatórios, já que tal vestígio material teria desaparecido em razão de conduta comissiva dos réus, o que não os poderá favorecer. Mais: como corpo delito deve ser entendido o conjunto de todos os vestígios materiais da infração penal, o que não se restringe ao cadáver da vítima (STJ, HC 350.906/RJ, Rel. Min. Ribeiro Dantas, 5ª T., DJe 28/06/2017).

Em se tratando do crime de tortura e sendo impingido à vítima sofrimento de ordem psicológica e agressões que não deixaram vestígios, é suficiente a sua comprovação por meio de prova testemunhal. Precedentes (STJ, AgRg nos EDcl no AREsp 44.396/AP, Rel. Min. Reynaldo Soares da Fonseca, 5ª T., DJe 25/11/2015).

> A jurisprudência do Superior Tribunal de Justiça é firme no sentido de que a exigência de dois peritos para a realização do exame pericial se restringe à hipótese em que o laudo é feito por peritos não oficiais, não havendo falar em nulidade da perícia (STJ, AgRg no REsp 1.278.249/MT, Rel. Min. Nefi Cordeiro, 6ª T., DJe 16/11/2015).
>
> O entendimento deste Superior Tribunal de Justiça é no sentido de que o crime de tortura psicológica não deixa vestígios, assim dispensável a realização de exame pericial. Incidência do enunciado 83 da Súmula deste STJ. Não é necessária a existência de sofrimento físico e mental simultaneamente para a caracterização do crime de tortura, pois a comprovação de tortura psicológica, por si só, é suficiente para a condenação (STJ, AgRg no AREsp 466.067/SP, Rel.ª Min.ª Maria Thereza de Assis Moura, 6ª T., DJe 04/11/2014).

17.3. Federalização da tortura

Dissemos, anteriormente, que o crime de tortura poderia ser da competência da Justiça Comum – Estadual ou Federal –, dependendo de como o crime havia sido praticado.

No entanto, mesmo que, originalmente, a competência fosse da Justiça Estadual, poderá haver a sua federalização, tendo em vista a existência de grave violação dos direitos humanos, conforme o disposto no § 5º, incluído no art. 109 da nossa Constituição Federal, pela Emenda Constitucional nº 45, de 30 de dezembro de 2004, que diz:

> § 5º Nas hipóteses de grave violação de direitos humanos, o Procurador-Geral da República, com a finalidade de assegurar o cumprimento de obrigações decorrentes de tratados internacionais de direitos humanos dos quais o Brasil seja parte, poderá suscitar, perante o Superior Tribunal de Justiça, em qualquer fase do inquérito ou processo, incidente de deslocamento de competência para a Justiça Federal.

> A Emenda Constitucional nº 45/2004 introduziu no ordenamento jurídico a possibilidade de deslocamento da competência originária, em regra da Justiça Estadual, à esfera da Justiça Federal, no que toca à investigação, processamento e julgamento dos delitos

praticados com grave violação de direitos humanos (art. 109, § 5º, da Constituição da República Federativa do Brasil). A Terceira Seção deste Superior Tribunal de Justiça, ao apreciar o mérito de casos distintos – IDCs nº 1/PA; 2/DF; 5/PE –, fixou como principal característica do incidente constitucional a excepcionalidade. À sua procedência não só é exigível a existência de grave violação a direitos humanos, mas também a necessidade de assegurar o cumprimento de obrigações internacionais avençadas, em decorrência de omissão ou incapacidade das autoridades responsáveis pela apuração dos ilícitos. A expressão *grave violação a direitos humanos* coaduna-se com o cenário da prática dos crimes de tortura e homicídio, ainda mais quando levados a efeito por agentes estatais da segurança pública. A República Federativa do Brasil experimenta a preocupação internacional com a efetiva proteção dos direitos e garantias individuais, tanto que com essa finalidade subscreveu acordo entre os povos conhecido como Pacto de San José da Costa Rica. O desmazelo aos compromissos ajustados traz prejudiciais consequências ao Estado-membro, pois ofende o respeito mútuo, global e genuíno entre os entes federados para com os direitos humanos. Para o acolhimento do Incidente de Deslocamento de Competência é obrigatória a demonstração inequívoca da total incapacidade das instâncias e autoridades locais em oferecer respostas às ocorrências de grave violação aos direitos humanos. No momento do exame dessa condição devem incidir os princípios da proporcionalidade e razoabilidade, estes que, embora não estejam expressamente positivados, já foram sacramentados na jurisprudência pátria. Não se pode confundir incapacidade ou ineficácia das instâncias e autoridades locais com ineficiência. Enquanto a incapacidade ou ineficácia derivam de completa ignorância no exercício das atividades estatais tendentes à responsabilização dos autores dos delitos apontados, a ineficiência constitui a ausência de obtenção de resultados úteis e capazes de gerar consequências jurídicas, não obstante o conjunto de providências adotadas. Ainda que seja evidente que a ineficiência dos órgãos encarregados de investigação, persecução e julgamento de crimes contra os direitos humanos, é situação grave e deve desencadear no seio dos Conselhos Nacionais e dos órgãos correicionais a tomada de providências aptas à sua resolução, não é ela, substancialmente, o propulsor da necessidade de deslocamento da competência. Ao contrário, é a ineficácia do Estado, revelada pela total ausência de capacidade de mover-se e, assim, de cumprir papel estruturante de sua própria existência organizacional, o fator desencadeante da federalização (STJ, IDC 3/GO, Rel. Min. Jorge Mussi, S3, DJe 02/02/2015).

17.4. Imprescritibilidade da tortura

A Constituição Federal, em seu art. 5º, incs. XLII e XLIV, prevê duas hipóteses de imprescritibilidade, a saber, os crimes de racismo e a ação de grupos armados, civis ou militares, contra a ordem constitucional e o Estado Democrático, nada mencionando a esse respeito sobre a tortura.

No entanto, o Estatuto de Roma, de 17 de julho de 1998, foi aprovado pelo Congresso Nacional através do Decreto Legislativo nº 112, de 6 de junho de 2002, e promulgado através do Decreto nº 4.338, de 25 de setembro de 2002.

Assim, consequentemente, o Brasil deve se submeter às normas constantes do mencionado Estatuto e, dentre elas, destacam-se as do art. 7º, I, *f*, que entende a tortura como um crime contra a humanidade, quando cometido no quadro de um ataque, generalizado ou sistemático, contra qualquer população civil, bem como a do art. 29, que diz que os crimes da competência do Tribunal não prescrevem.

Dessa forma, o crime de tortura, praticado naquelas condições, e levado a efeito após a promulgação do Estatuto de Roma, no Brasil, pelo Decreto nº 4.338, de 25 de setembro de 2002, deve, também, ser considerado como imprescritível.

17.5. Imprescritibilidade das ações indenizatórias motivadas pela tortura

> Nos termos da jurisprudência do Superior Tribunal de Justiça, os sucessores possuem legitimidade para ajuizar ação de reparação de danos em decorrência de perseguição, tortura e prisão, sofridos durante a época do regime militar, sendo tal ação reparatória considerada imprescritível, pelo que não se aplica o art. 1º do Decreto nº 20.910/32 (STJ, AgInt no REsp 1.669.328/SC, Rel. Min. Francisco Falcão, 2ª T., DJe 1º/03/2019).
>
> A jurisprudência desta Corte Superior entende que a prescrição quinquenal, disposta no art. 1º do Decreto nº 20.910/1932, é inaplicável aos danos decorrentes de violação de direitos fundamentais, que são imprescritíveis, principalmente quando ocorreram durante o Regime Militar, época na qual os jurisdicionados não podiam deduzir a contento as suas pretensões. Ressalta-se que a violação aos direitos humanos ou direitos fundamentais da pessoa humana, como a proteção da sua dignidade lesada pela tortura e prisão por delito de opinião durante o Regime Militar de exceção,

> enseja ação de reparação *ex delicto* imprescritível, e ostenta amparo constitucional no art. 8º, § 3º, do Ato das Disposições Constitucionais Transitórias (STJ, AgRg no REsp 1.176.213/SP, Rel. Min. Napoleão Nunes Maia Filho, 1ª T., DJe 10/06/2015).
>
> A jurisprudência do Superior Tribunal de Justiça é pacífica no sentido de que não se aplica a prescrição quinquenal do Decreto nº 20.910/32 às ações de reparação de danos sofridos em razão de perseguição, tortura e prisão, por motivos políticos, afirmando a sua imprescritibilidade, incidindo, no caso, o enunciado da Súmula nº 83/STJ (STJ, AgRg no REsp 1.366.968/DF, Rel. Min. Humberto Martins, 2ª T., DJe 13/04/2015).
>
> As ações indenizatórias por danos morais decorrentes de atos de tortura ocorridos durante o Regime Militar de exceção são imprescritíveis. Inaplicabilidade do prazo prescricional do art. 1º do Decreto nº 20.910/1932. Precedentes do STJ (STF, RE 715.268 AgR/RJ, Rel. Min. Luiz Fux, 1ª T., DJe 23/05/2014).

17.6. Diferença entre tortura qualificada pelo resultado morte e o homicídio qualificado pelo emprego de tortura

A *tortura* se encontra no rol dos meios considerados cruéis, que têm por finalidade qualificar o homicídio. Importa ressaltar que a tortura, qualificadora do homicídio, não se confunde com aquela prevista pela Lei nº 9.455, de 7 de abril de 1997. O art. 1º da mencionada lei define o crime de tortura, sendo que o seu § 3º comina uma pena de reclusão, que varia de 8 (oito) e 16 (dezesseis) anos, se da prática da tortura sobrevier a morte da vítima.

Qual é a diferença, portanto, entre a tortura prevista como qualificadora do delito de homicídio e a tortura com resultado morte prevista pela Lei nº 9.455/97? A diferença reside no fato de que a tortura, no art. 121 do Código Penal, é tão somente um *meio* para o cometimento do homicídio. É um meio cruel de que se utiliza o agente, com o fim de causar a morte da vítima. Já na Lei nº 9.455/97, *a tortura é um fim em si mesmo*. Se vier a ocorrer o resultado morte, este somente poderá qualificar a tortura a título de culpa. Isso significa que a tortura qualificada pelo resultado morte é um delito eminentemente *preterdoloso*. O agente não pode, dessa forma, para que se aplique a Lei de Tortura, pretender a morte do agente, pois, caso contrário, responderá pelo crime de homicídio qualificado, tipificado pelo Código Penal.

Concluindo o raciocínio, no art. 121, do diploma repressivo, a tortura é um meio cruel, utilizado pelo agente na prática do homicídio; na Lei nº 9.455/97, ela é um *fim em si mesmo* e, caso ocorra a morte da vítima, terá o condão de qualificar o delito, que possui o *status* de crime preterdoloso.

> Segundo narra a denúncia, o crime de tortura ocorreu entre as 21 horas do dia 28 de setembro de 2005 e as 09 horas do dia 29 de setembro de 2005, ou seja, teve o acusado mais de 12 horas para praticar as condutas delituosas que lhe são imputadas. Em um primeiro momento, teve o dolo específico de torturar a pequena infante. O dolo de matá-la ocorreu após já ter praticado a conduta *torturar*. Ou seja, o acusado tinha intenções distintas, primeiro de torturá-la e depois de matá-la. Portanto, como se pode ver, estão caracterizados os dois delitos distintos, bem como duas intenções diferentes. O crime de tortura não ocorreu como forma de se obter a morte da vítima, mas, apenas, com a intenção específica de lhe causar sofrimento físico e psíquico. O dolo específico de matar a vítima ocorreu somente após já ter torturado o infante. Desta forma, não há como acolher a tese defensiva de que ocorreu *bis in idem* ou que houve negativa de aplicação ao princípio da consunção, pois, como demonstrado, o que houve por parte do acusado foi o cometimento de dois delitos autônomos, um de tortura e outro de homicídio, como corretamente reconhecido pelos jurados. Sendo, assim não há que se falar no princípio da consunção, pois em nenhum momento da peça acusatória mencionou-se que a tortura foi o meio para a morte, de modo que não há que se falar na morte como consequência da tortura (TJ-RS, AC 700301608, Rel. Des. José Antônio Hirt Preiss, julg. 11/11/2009).

17.7. Tortura e lesões corporais de natureza leve

Tendo em vista o princípio da consunção, as lesões corporais de natureza leve são sempre absorvidas pelo delito de tortura. Se, da tortura, resultarem lesões corporais de natureza grave ou gravíssima, o delito será considerado qualificado, nos termos do § 3º do art. 1º da Lei nº 9.455/97. Neste caso, não haverá concurso de crimes entre a tortura e as lesões graves ou gravíssimas, haja vista que, se fosse aplicada a regra do referido concurso, incorreria-se no chamado *bis in idem.*

> A conduta de manter uma pessoa ilegalmente sob guarda, poder ou autoridade e de submetê-la a intenso sofrimento físico e mental, como forma de castigá-la, segundo o princípio da especialidade, não se enquadra como os delitos de abuso de autoridade e de lesões corporais leves (TJ-MG, 1.0301.06.022210-8/003, Rel. Des. Flávio Leite, DJe 23/08/2018).

17.8. Tortura, maus-tratos e lesão corporal em situação de violência doméstica

> Distinção entre tortura, lesão corporal no âmbito de violência doméstica e maus-tratos. A peculiaridade dos autos indica que se tratou, efetivamente, de tortura, pois a vítima teria sido pisoteada, correndo o risco de morrer, tendo sido atingido o seu pâncreas. Antes mesmo teria havido outras situações, segundo o relato da vítima, de agressões, obrigação a ingestão de fezes e de pimenta. Preponderou a intenção de causar intenso sofrimento com o fim de castigar, não de causar maus-tratos com o fim de castigar e com o abuso de meios de correção. Distinção que impõe ao intérprete examinar os dados objetivos resultantes da ação e constantes da prova dos autos, uma vez ser impossível examinar a intenção do agente no exato momento do fato (TJ-RS, AC 70056548563, Rel. Des. Diogenes Vicente Hassan Ribeiro, DJe 24/11/2014).

17.9. Tortura como meio para a realização de outro crime

> Crimes de roubo majorado e tortura. Princípio da consunção. Descabimento.
>
> Ocorre o crime de tortura quando a vítima é alvo de sofrimento físico e mental, de forma tão intensa e desumana que extrapola a prática da simples violência ou grave ameaçada exercida para consolidação do crime de roubo. Tendo o réu agido com desígnios independentes, contra bens jurídicos diversos, forçoso convir que esses delitos são autônomos, afastando a aplicação da regra da consunção (TJ-MG, AC 0043204-14.2016.8.13.0514, Rel. Des. Eduardo Machado, DJe 19/10/2017).

TORTURA   CAPÍTULO 1

> O crime de tortura não se configura autonomamente, quando o sofrimento psicológico é imposto às vítimas como modo para a consecução do roubo majorado e da extorsão majorada, impondo--se a sua absorção, por força do princípio da consunção (TJ-MG, AC 1.0035.11.005629-4/001, Rel. Des. Agostinho Gomes de Azevedo, DJe 07/02/2014).

17.10. Tortura e Improbidade Administrativa

> Injustificável pretender que os atos mais gravosos à dignidade da pessoa humana e aos direitos humanos, entre os quais se incluem a tortura, praticados por servidor público, quanto mais policial armado, sejam punidos apenas no âmbito disciplinar, civil e penal, afastando-se a aplicação da Lei da Improbidade Administrativa. Conforme orientação jurisprudencial do STJ, eventual punição administrativa do servidor faltoso não impede a aplicação das penas da Lei de Improbidade Administrativa, porque os escopos de ambas as esferas são diversos; e as penalidades dispostas na Lei nº 8.429/92, mais amplas. Precedentes: MS 16.183/DF, Rel. Min. Ari Pargendler, Primeira Seção, DJe 21/10/2013, MS 15.054/DF, Rel. Min. Napoleão Nunes Maia Filho, Rel. p/ Acórdão Min. Gilson Dipp, Terceira Seção, DJe 19/12/2011, MS 17.873/DF, Rel. Min. Napoleão Nunes Maia Filho, Rel. p/ Acórdão Min. Mauro Campbell Marques, Primeira Seção, DJe 02/10/2012, AgRg no AREsp 17.974/SP, Rel. Min. Benedito Gonçalves, 1ª T., DJe 11/11/2011, MS 12.660/DF, Rel.ª Min.ª Marilza Maynard (Desembargadora Convocada do TJ-SE), Terceira Seção, DJe 22/08/2014, e MS 13.357/DF, Rel. Min. Sebastião Reis Júnior, Terceira Seção, DJe 18/11/2013.
>
> Uso ilegal de Bens e Prédios Públicos
>
> Na hipótese dos autos, o ato ímprobo se caracteriza quando se constata que as vítimas foram torturadas, em instalações públicas, ou melhor, na Delegacia de Polícia. O V. Acórdão recorrido afirma: (...) terem submetido alguns presos que se encontravam custodiados na delegacia local a "espancamentos, asfixia e graves ameaças, para confessaram a prática de crimes" (fls. 122-123).
>
> Conclusão: violência policial arbitrária é ato que viola frontalmente os mais elementares princípios da Administração Pública. A violência policial arbitrária não é ato apenas contra o particular-vítima, mas sim contra a própria Administração Pública, ferindo suas bases de

legitimidade e respeitabilidade. Tanto assim que essas condutas são tipificadas, entre outros estatutos, no art. 322 do Código Penal, que integra o Capítulo I ("Dos Crimes Praticados por Funcionário Público contra a Administração Pública"), que por sua vez está inserido no Título XI ("Dos Crimes contra a Administração Pública"), e também nos arts. 3º e 4º da Lei nº 4.898/65, que trata do abuso de autoridade. Em síntese, atentado à vida e à liberdade individual de particulares, praticado por agentes públicos armados – incluindo tortura, prisão ilegal e "justiciamento" –, afora repercussões nas esferas penal, civil e disciplinar, pode configurar improbidade administrativa, porque, além de atingir a pessoa-vítima, alcança simultaneamente interesses caros à Administração em geral, às instituições de segurança pública em especial, e ao próprio Estado Democrático de Direito. Nesse sentido: REsp 1.081.743/MG, Rel. Min. Herman Benjamin, 2ª T., julg. 24/03/2015, acórdão ainda não publicado. Recurso Especial conhecido e provido para determinar o retorno dos autos à origem, a fim de que seja recebida a petição inicial da Ação de Improbidade Administrativa (STJ, REsp 1.177.910/SE, Rel. Min. Herman Benjamin, Primeira Seção, DJe 17/02/2016).

17.11. Tortura e prisão provisória

Não é ilegal o encarceramento provisório mantido para o resguardo da ordem pública, em razão da periculosidade do acusado, revelada pela gravidade *in concreto* da infração penal que lhe é imputada – crime de tortura supostamente perpetrado contra criança de tenra idade, à qual teria infligido graves violências físicas, consistentes em diversas queimaduras por várias partes do corpo, "inclusive no rosto com uma colher quente", além de deixá-la trancada em banheiro de uma residência, sem comida e água, por aproximadamente três dias. Nesse contexto, indevida a aplicação de medidas cautelares alternativas à prisão, porque insuficientes para resguardar a ordem pública (STJ, RHC 61.881/RJ, Rel.ª Min.ª Maria Thereza de Assis Moura, 6ª T., DJe 07/10/2015).

17.12. Dever do Estado de indenizar

Acolhe-se o parecer ministerial para exasperar o valor da indenização por danos morais, porquanto revela-se ínfima e fora dos parâmetros adotados por esta Corte em casos análogos a condenação do Poder Público, tamanha a gravidade das lesões experimentadas pelo autor, menor custodiado em cadeia pública e que foi atacado pelos colegas de cela e submetido às mais variadas formas de tortura física e moral, tudo em decorrência da omissão de agentes do Estado, que não souberam bem administrar o estabelecimento prisional, nem cumpriram com o seu mister de garantir a integridade física dos que ali se encontravam. Indenização aumentada para 200 salários-mínimos (STJ, REsp 1.201.326/SP, Rel. Min. Castro Meira, 2ª T., DJe 11/10/2012).

APÊNDICE

Esta parte está disponibilizada virtualmente, podendo o leitor fazer sua leitura por meio do seguinte QR Code:

106

BIBLIOGRAFIA

ANDREUCCI, Ricardo Antônio. *Legislação penal especial*. 8ª ed. São Paulo: Saraiva, 2011.

Anistia Internacional. *Tortura e maus-tratos no Brasil* – Desumanização e impunidade no sistema de justiça criminal. Brasil, 2001.

BAIGENT, Michael; LEIGH, Richard. *A inquisição*. Rio de Janeiro: Imago, 2001.

BANDEIRA DE MELLO, Celso Antônio. *Curso de direito administrativo*. 5ª ed. São Paulo: Malheiros, 1994.

BARROS, Francisco Dirceu. *Os agentes passivos do homicídio funcional*: Lei nº 13.142/2015. A controvérsia da terminologia autoridade e o filho adotivo como agente passivo do homicídio funcional. Disponível em: <http://jus.com.br/artigos/41302/os-agentes-passivos-do-homicidio-funcional-lei-n-13-142-2015>. Acesso em: 5 ago. 2015.

BATISTA, Weber Martins. *O furto e o roubo no direito e no processo penal*. 2ª ed. Rio de Janeiro: Forense, 1995.

BETINI, Eduardo Maia. *O Programa V.I.G.I.A. e a Segurança Multidimensional nas Fronteiras* (artigo ainda não publicado).

BIERRENBACH, Sheila; FERNANDES LIMA, Walberto. *Comentários à lei de tortura*. Rio de Janeiro: Lumen Juris Editora, 2006.

BITENCOURT, Cezar Roberto. *Tratado de direito penal* – parte especial, 7ª ed. São Paulo: Saraiva, 2013, v. IV.

CABETTE, Eduardo Luiz Santos. *Homicídio e lesões corporais de agentes de segurança pública e forças armadas*: alterações da Lei nº 13.142/2015. Disponível em: <http://jus.com.br/artigos/40830/homicidio-e-lesoes-corporais-de-agentes-de-seguranca-publica-e-forcas-armadas-alteracoes-da-lei-13-142-15>. Acesso em: 5 ago. 2015.

CALLEGARI, André Luis. *Crimen organizado*: concepto y posibilidad de tipificación delante del contexto de la expansión del derecho penal. Revista de Derecho Penal e Criminologia., v. XXXI, nº 91, jul-dic. de 2010;

CAMELLO TEIXEIRA, Flávia. *Da tortura.* Belo Horizonte: Del Rey, 2004.

CANÊDO, Carlos. *O genocídio como crime internacional.* Belo Horizonte: Del Rey, 1999.

CAPEZ, Fernando. *Curso de direito penal.* 3ª ed. São Paulo: Saraiva, 2003. v. 2.

CAPEZ, Fernando. *Curso de direito penal,* Legislação penal especial, 10ª ed., São Paulo: Saraiva, 2015. v. 4.

CARVALHO FILHO, Aloysio de. *Comentários ao código penal.* Rio de Janeiro: Forense, 1958. v. IV.

CHAMPLIM, Russell Norman; BENTES, João Marcos. *Enciclopédia de Bíblia, teologia e filosofia,* 4ª ed., São Paulo: Editora e Distribuidora Candeia, 1997. v. 5.

COIMBRA, Mário. *Tratamento do injusto penal da tortura.* São Paulo: Revista dos Tribunais, 2002.

COSTA JÚNIOR, Paulo José da. *Curso de direito penal* – Parte especial. São Paulo: Saraiva, 1991. v. 3.

CUNHA JÚNIOR, Dirley da. *Curso de direito constitucional.* Salvador: JusPodivm, 2008.

CUNHA, Rogério Sanches; e outros. *Legislação criminal especial.* 2ª ed. rev., atual. e amp., São Paulo: Revista dos Tribunais, 2010.

CUNHA, Rogério Sanches. *Nova Lei nº 13.142/15*: Breves Comentários. Disponível em: <http://www.portalcarreirajuridica.com.br/noticias/nova-lei-13-142-15-breves-comentarios-por-rogerio-sanches-cunha>. Acesso em: 5 ago. 2015.

DELMANTO, Celso; DELMANTO, Roberto; DELMANTO JÚNIOR, Roberto; DELMANTO, Fábio M. de Almeida. *Código penal comentado.* 6ª ed. Rio de Janeiro: Renovar, 2002.

DELMANTO, Roberto; DELMANTO JÚNIOR, Roberto; DELMANTO, Fabio M. de Almeida, *Leis penais especiais comentadas.* 2ª ed. São Paulo: Saraiva. 2ª tir., 2015.

DUARTE, João Paulo. *Terrorismo* – caos, controle e segurança. São Paulo: Editrora Desatino, 2014.

FALEIROS, Eva. T. Silveira. *A exploração sexual de crianças e adolescentes no Brasil:* reflexões teóricas, relatos de pesquisas e intervenções psicossociais. Renata Maria Coimbra LIbório e Sônia M. Gomes Sousa (Orgs.) Casa do Psicólogo. Editra da ACG, 2004.

BIBLIOGRAFIA

FRAGOSO, Heleno Cláudio. *Lições de direito penal* – Parte especial (arts. 121 a 160 CP). Rio de Janeiro: Forense: 1984.

GARRIDO, Vicente; STANGELAND, Per; REDONDO, Santiago. *Princípios de criminología*. 2ª ed. Valencia: Tirant lo Blanch. 2001.

GOMES, Luiz Flávio; CUNHA, Rogério Sanches. *Comentários à reforma penal de 2009 e a convenção de Viena sobre o direito dos tratados*. São Paulo: Revista dos Tribunais, 2009.

GONÇALVES, Luiz Carlos dos Santos. *Primeiras impressões sobre a nova conceituação do crime de estupro, vinda da Lei nº 12.015/2009.* Disponível em: <http:// www.cpcmarcato.com.br/arquivo_interno.php?un=1&arquivo=41>. Acesso em: 02 set. 2009.

HABIB, Gabriel. *Leis penais especiais*. 2ª ed., Salvador: JusPodivm, tomo I, 2010.

HUNGRIA, Nélson. *Comentários ao código penal*, Rio de Janeiro: Forense, 1967. v. VII.

JESUS, Damásio E. de. *Direito penal.* 22. ed. São Paulo: Saraiva, 1999. v. 2.

JIMÉNEZ, Óscar Jaime; MORAL, Lorenzo Castro. *La criminalidad organizada en la Unión Europea*. Revista CIDOB d'afers internacionals, 91;

JORIO, Israel Domingos. *Latrocínio*. Belo Horizonte: Del Rey, 2008.

LIMA, Renato Brasileiro de. *Legislação criminal especial comentada*. 3ª ed. rev., ampl. e atual. Salvador: Editora JusPodivm, 2015.

LUZÓN PEÑA, Diego-Manuel. *Enciclopedia penal básica*. Granada: Comares Editorial, 2002.

MAGGIORE, Giuseppe. *Derecho penal*. Bogotá: Temis, 1972, v. II.

Manual de Implementação ao Protocolo Facultativo à Convenção da ONU contra a Tortura. São José da Costa Rica: Instituto Interamericano de Direitos Humanos (IIDH), 2010.

MARCÃO, Renato. *Código de processo penal comentado*. São Paulo: Saraiva, 2016.

MARCÃO, Renato; GENTIL, Plínio. *Crimes contra a dignidade sexual*. São Paulo: Saraiva, 2011.

MARCONI, Marina de Andrade; PRESOTTO, Zelia Maria. *Antropologia* – uma introdução. 5ª ed. São Paulo: Atlas. 2001.

MASSON, Cleber. *Direito penal esquematizado* – Parte especial. 3ª ed. São Paulo: Gen-Método, 2013. v. 3.

MIRABETE, Júlio Fabbrini. *Manual de direito penal*. 16. ed. São Paulo: Atlas, 2000. v. I.

MONTEIRO, Antônio Lopes. *Crimes hediondos*. 10ª ed. rev. e atual., São Paulo: Saraiva, 2015.

MORAES, Alexandre; SMANIO, Gianpaolo Poggio. *Legislação penal especial*. 5ª ed. rev. e ampl., São Paulo: Atlas, 2002.

NAVARRETE, Miguel Polaino. Epílogo *in El derecho absoluto a no ser torturado* (Víctor Félix Reinaldi). Córdoba: Lerner Editora, 2007.

NORONHA, Edgard Magalhães. *Direito penal*. 25ª ed. São Paulo: Saraiva, 1991. v. 2.

NUCCI, Guilherme de Souza. *Código penal comentado*. 3ª ed. São Paulo: Editora Revista dos Tribunais, 2003.

NUCCI, Guilherme de Souza. *Leis penais e processuais penais comentadas*. São Paulo: Revista dos Tribunais, 2006.

PORTOCARRERO, Cláudia Barros. *Leis penais especiais comentadas para concursos*. Niterói: Impetus, 2ª ed. rev. e atual., 2012.

PRADO, Luiz Régis. *Curso de direito penal brasileiro, Parte especial*. 8ª ed. São Paulo: Editora Revista dos Tribunais, 2010, v. 3.

RAMAYANA, Marcos. *Leis penais especiais comentadas*. Niterói: Impetus, 2007.

REINALDI, Víctor Félix. *El derecho absoluto a no ser torturado*. Córdoba: Lerner Editora, 2007.

SILVA FRANCO, Alberto. *Tortura: breves anotações sobre a Lei nº 9.455/97*. Revista Jurídica do Uniaraxá, v. 2, nº 2, 1998.

SILVA FRANCO, Alberto; LIRA, Rafael; FELIX, Yuri. *Crimes hediondos*. São Paulo: Revista dos Tribunais, 7ª ed. rev., atual. e ampl., 2011.

TERESTCHENKO, Michel. *O bom uso da tortura* – ou como as democracias justificam o injustificável. São Paulo: Edições Loyola, 2011.

Sites

<http://www.midiaeviolencia.com.br/index.php?option=com_content&vie w=article&id=9%3Asequestro-de-roberto-medina&catid=25&Itemid=140>. Acesso em: 29 jan. 2016.

<https://anistia.org.br/noticias/tortura-uma-crise-global/>. Acesso em: 24 fev. 2016.

<http://amnesty.org/es>.

ANOTAÇÕES

Rua Alexandre Moura, 51
24210-200 – Gragoatá – Niterói – RJ
Telefax: (21) 2621-7007

www.impetus.com.br

Esta obra foi impressa em papel offset 70 grs./m²